未来の図書館

調査する住民の求める情報環境の整備

図書館笑顔プロジェクト 著

ひつじ書房

はじめに

　図書館笑顔プロジェクト。私たちの名前です。図書館と笑顔、この結びつきを皆さんどう感じるでしょうか。図書館でみんな楽しく本を読んで笑顔になる、それはいいね、と思われますか？　それとも、図書館は人びとが真剣に本と対話するところ、笑顔とは関係ないな、と思われるでしょうか。私たちが、図書館と笑顔を結びつけようと思った経緯は、本書後半の「座談会」部分でも語られていますが、きっかけとなったのは一人の写真家の存在でした。

　その方のお名前は、漆原宏さん。漆原さんは1970年代以降、40年にわたり日本全国の図書館の写真を撮り続け、2022年9月に惜しまれながらお亡くなりになりました。漆原さんの作品は、『市民の図書館（増補版）』(1976)の表紙や、1990年代以降の『図書館雑誌』の「フォトギャラリー」などで、図書館関係者には良く知られています[1]。

　その漆原さんが撮影した写真のネガがまだ大量に残されていることを、私たちの仲間の一人が知り、何とかそれらの作品が日の目を見ることができないか、と後の図書館笑顔プロジェクト（以下、笑顔プロ）の他のメンバーに呼びかけ相談したことが、私たちの活動の始まりでした。そして、その漆原さんの図書館の写真の中に、たくさんの「笑顔」があったのです。そんなきっかけから、私たち笑顔プロの最初の仕事は、漆原さんの残されたネガから、一つの写真集をつくるお手伝いをすることでした。その成果として、新たな写真集『ぼくは、やっぱり図書館がすき』(2017)が日本図書館協会から刊行されました。

　さて、漆原さんが図書館の写真を撮り始めた1970年代と比べ、現在では

全国に多くの素晴らしい図書館が作られていますが、一方で図書館は様々な問題を抱えるようになりました。私たちが漆原さんの作品に見出した図書館の中の「笑顔」を、自分たちの周囲の図書館に見つけられるのかどうかということが、次に私たちの問題意識となりました。そこで写真集の出版に協力したあとも月に一度の集まりを持ち、図書館に関する様々な話題を語り合ってきました。公共図書館には「広場」の機能が必要だということが、現在私たちの結論の一つになっていますが、私たち笑顔プロ自身も、このような定期的なフォーラム（広場、語りの場）の実践を継続してきています。（コロナ禍以降はZoomを利用しています。）

　次にそのような話し合いの成果を、外部に公開する場として選んだのは、図書館問題研究会の研究集会での発表と、その機関誌『図書館評論』への投稿です。この研究集会では、第45回（2019）、46回（2020）、47回（2021、オンライン開催）に発表し、その内容をもとにした論文は『図書館評論』第60、61、62号に投稿して掲載されました。今回、それら3つの論文を一冊にまとめ、各論文で言い足りなかったことを「補足」として追加し、笑顔プロメンバーの座談会を加えて、これまでのプロジェクトの成果を出版する機会が得られました。掲載論文の本書への再録を許可された図書館問題研究会にお礼申し上げます。

　笑顔プロの参加者については、後の「メンバー略歴」で紹介しますが、大学図書館、公共図書館の勤務経験者、書店・出版、IT企業など様々な背景を持つ人たちが集まっています。

　ここで、特に図書館とその地域に関心を持つメンバーの一人が書いた詩を紹介します。

はじめに　iii

図書館ってどんなところ？

　　図書館に行く道を
　　きいている
　　あのおじさんは　きっと
　　好い人にちがいない！
　　　　　　　気仙沼と全世界の図書館さまへ

これは
気仙沼市図書館前の広場に建っている詩碑
大空詩人永井叔のことばだ
図書館ってどんなところなの？
図書館はどこにあるの？
知っていたら　教えて

図書館はだれでも行けるところ
友達どうしでも　ひとりぼっちでも
大工さんも天文学者も
健康な人も年老いたひとも
夢見る人も　リアリストも
資産家も住む家のないひとも
図書館はだれもなかまはずれにしない

図書館にはいろいろな本がある
鳥の羽や木の葉の図鑑
生まれた日の新聞
おじいちゃんが子供だったころの街の写真
列車時刻表やバス停の地図

世界中の小説
病気に負けまいとがんばったひとの手記
図書館はだれかのために必要な本を集めている

図書館にはいろいろな人が働いている
1000冊の絵本を昨日読んだようにはなせる人
どんな本でも全国の図書館から即座に探し出してくれる人
あかちゃんもお母さんも先生も生徒も
図書館の利用に障害がある人にも図書館がふつうに使えるように出来る人
その町のことを書いた本のことならたいていは知っている人
淋しい時元気にしてくれるお話を知っている人
50冊は楽々と両手に抱えてあっという間に本棚に戻してしまう人
図書館の人はみんなその町と人が大好き

図書館は本だけではない　子守唄も冒険映画も
時には戦争の時　空から落ちてきた爆弾のかけらだって集めている
きっと誰かがそれを探しているから
図書館は出会いと発見の場だから
もし死のうなんて考えることがあったら
図書館にいけばいい
同じ本を読んで泣いたり笑ったりできる仲間がいる
もし何もかもごちゃごちゃになって出口がわからなくなったら
図書館にいけばいい
きっとヒントがある
がんばって探してみるだけの価値がある

図書館は何世紀も生きたやさしい老人のようだ
そっと膝の上に抱き上げて
いちばんふさわしい言葉をさがして話をしてくれる

図書館は街の不思議な広場
静かな雑踏
豊かに話し出す自分のこころ
あらゆる世界に通じている小さな場所
時空がここでは自由になる
国立国会図書館のカウンターに掲げた言葉
真理が我らを自由にする
それは、明日への栄養
誰でも何時でも何処にいても
ひとりひとりがみんなにつながっている
みんなのものはひとりひとりのために用意されている

図書館ってそうじゃない？

わたしたちは忘れない
辛いことも過ちもほんの小さな喜びも
たった一人の出来事でも億万の人と分かち合うことができる
すべての知恵と美と勇気あるものがたりを
たった一人のひとのために開いてみせることができる
明日が平和でみんなが笑顔でいられるように
わたしたちは誰でも歩いていけるところに図書館を建てるだろう

朝刊を読むために　いつも朝一番に図書館にくるガード下のおじさん
学校をさぼって『チョコレート工場の秘密』を読みにくる子
少し重たいノートパソコンを肩にかけて最新の経済ニュースを点訳にくる人
自分の庭に花が咲いたと鉢植えをカウンターに置いていくおじさん
子どもたちと楽しむために新しく考えた折り紙をしにくるおばさんたち
もう二度としちゃあいけないと戦争の体験を話しだしたおじいちゃん
骨董市で買った古い本を自慢しに図書館にくる人も

館長と町の話題や問題を語り合っている人たちもいる
みんな図書館が大好きな人たち
図書館の大きな屋根の下にもっと大きな人の心が集まる
本を読む人もそうでない人も
みんなが図書館を支えている
町の元気は図書館の元気
図書館もきっと町の人たちと一緒に成長している

ひとりのときも
友達といっしょのときも
悲しくても、楽しい思いでいっぱいのときも
きっと何かが待っていてくれる
図書館へ行ってみよう
空っぽのおおきなバックを持って
大好きなお母さんの買い物かごのように
いっぱいの「いいもの」でふくらませよう
それは、みんなで分け合える幸せ

だから図書館に行ってみよう
きっと誰かが　笑顔で図書館へ行く道を教えてくれる

まつしま　茂

　この詩の中には、沢山の図書館利用者が出てきます。大人も子どもも皆、図書館で元気をもらい「笑顔」になる。そんな理想郷としての図書館を、私たちはもう一度取り戻すことができないでしょうか。単に本を借りる場所としての図書館でなく、住民同士が交流し、生きるための知恵や情報を得ることができる「広場」としての図書館。そこで重要なのは、住民が自分たちに

必要な情報を「調査」できることではないかと私たちは考えます。そして図書館にはそのための情報環境を最大限整備し、保証することが求められているのではないでしょうか。

　人間は「知ること」を求める生き物です。しかし現代は様々な情報が社会にあふれ、逆に必要なものが見えにくくなっている時代とも言えます。これからの図書館の役割は、どれだけ質の高い情報源を住民に提供できるかが鍵になってくるはずです。私たちは本書で、そのためのいくつかの方法を提示しました。図書館の現状や今後への関心を持つ多くの方に本書が届き、図書館への新たな認識を喚起するきっかけとなれば幸いです。

図書館笑顔プロジェクト

注

1）　漆原宏 略歴

　　1939年、東京生まれ。1968年、東京総合写真専門学校卒業後、写真雑誌(株)研光社に勤務。1974年、フリーの写真家となる。1976年から図書館を撮り始める。1980年、墨田区立八広図書館の館長との出会いが新たな図書館の発見となり、以後全国の図書館を本格的に撮り続ける。1983年、最初の写真集『地域に育つくらしの中の図書館─漆原宏写真集』をほるぷ出版より刊行。1991年9月から、『図書館雑誌』の口絵に写真を掲載するようになる。1995年、図書館づくり運動に役立てようと図書館の写真パネルの制作を始める。1997年、『図書館づくり運動実践記─三つの報告と新・図書館づくり運動論』を共著で緑風出版より刊行。2012年、全国に向けて図書館の写真パネルの無料貸出しを始める。2013年、『ぼくは、図書館がすき─漆原宏写真集』を日本図書館協会より刊行。2015年、第17回図書館サポートフォーラム賞を受賞。2017年、『ぼくは、やっぱり図書館がすき─漆原宏写真集』を日本図書館協会より刊行。2022年9月15日、闘病生活を経て逝去。

目　次

はじめに　　　　　　　　　　　　　　　　　　　　　　　　　i

第 1 章　未来の図書館─調査する住民の立場から　　　1

要旨　　　　　　　　　　　　　　　　　　　　　　　　　1

1.　背景と目的　　　　　　　　　　　　　　　　　　　2
2.　先行研究による未来　　　　　　　　　　　　　　4
　　2.1　図書館に関する雑誌特集　　　　　　　　　5
　　2.2　議論のための戦後の図書館の流れ　　　　5
　　2.3　未来の図書館を考える枠組み　　　　　　10
3.　利用者の立場からの未来　　　　　　　　　　　12
　　3.1　図書館利用者アンケート　　　　　　　　13
　　3.2　授業グループワークでの図書館への期待　　14
4.　未来の図書館　　　　　　　　　　　　　　　　17
　　4.1　5 つの提案　　　　　　　　　　　　　　17
　　4.2　今後の課題　　　　　　　　　　　　　　29

第 1 章　補足　　　　　　　　　　　　　　　　　35

　　未来の図書館への新たな展開　　　　　　　　　35
　　図書館運営の改善　　　　　　　　　　　　　　35
　　調査する住民と生涯学習　　　　　　　　　　　38

第2章　公立図書館におけるリモートアクセスでの商用データベース提供の展望　41

要旨　41

1. はじめに　43
2. 使命としてのリモートアクセス　44
   - 2.1　自宅からの DB 利用　44
   - 2.2　電子資料のメディア特性　44
   - 2.3　公立図書館の役割　45
3. 商用 DB 提供の現状と課題　45
   - 3.1　商用 DB 導入の先行研究　46
   - 3.2　商用 DB 提供の現状調査　46
4. 商用 DB 来館利用の現状と課題　48
   - 4.1　商用 DB 提供方式の変遷　48
   - 4.2　商用 DB 利用の阻害要因　50
   - 4.3　商用 DB 利用の阻害要因の分析　52
5. 商用 DB リモートアクセスの現状と課題　55
   - 5.1　リモートアクセス導入の先行研究　55
   - 5.2　DB 提供者ヒアリング　57
   - 5.3　「DB 金脈は固い！」　59
6. リモートアクセスでの商用 DB 提供の展望　61

第2章　補足　69

日常での DB 利用　69

商用 DB における新聞等の提供と有用性　70

第3章　公共図書館における情報リテラシー支援と地域資料のデジタル化　73

要旨　73

1. はじめに　74
2. 調査する住民　74

| 3. | 情報リテラシー支援 | 76 |

| 4. | 地域資料のデジタル化 | 80 |

| 5. | 重点サービスの提案 | 82 |

| 6. | おわりに | 88 |

第3章　補足　95

情報リテラシー支援　95

個人宅での情報環境の構築支援　96

地域資料の拡張によるサービス拡大・転換　96

事例：引越し先の散歩と図書館　97

第4章　座談会　101

なぜ、私たちは「図書館笑顔プロジェクト」を始めたのか　101

そもそも図書館とは何か　104

図書館では「未知なる自分」を発見することができる　107

図書館の笑顔は、「人と人との出会い」から生まれる　110

図書館の「笑顔」を消すもの、生み出すもの　113

私たちがつくる「図書館の笑顔」　117

私が好きな「図書館の笑顔」　121

図書館に来なくなった人　123

あとがき　129

初出　131

索引　133

図書館笑顔プロジェクトのメンバー略歴　139

第1章　未来の図書館
─調査する住民の立場から

要旨

未来の図書館について、住民と業界の両方の立場で、広く図書館・出版・情報・教育などの関連業界、地方行政、地域住民の生活の観点から、意見交換・調査を行った。調査する住民の立場から、地域で生活し、自己責任社会を生き抜くために、住民と共に歩む未来の図書館についての提案を、中間成果として報告する。

まず、先行研究などによって、これまでの図書館の方向を概観した。次に、図書館への要望など、図書館利用者アンケートと、図書館情報学を履修している大学生のグループワークの結果を示した。「図書館笑顔プロジェクト」は、図書館や情報関連のサービス・運営経験のある住民でメンバーを構成し、調査する住民の立場から、未来の図書館への以下の5つの提案を行った。提案には、提案の必要性や有効性などについて、具体的なイメージがもてるよう、適宜にプロジェクトメンバーの発言を挿入した。

1) 図書館機能を周知すること
2) 図書館の基本機能（資料・施設・人）を整備すること
3) デジタル化に対応すること
4) 住民の立場で図書館運営を改善すること
5) 住民、地域、行政・設置主体と共生すること

議論の中から浮上した疑問を、プロジェクトの今後の調査課題とし、これらの疑問に答えを出す過程で、図書館の役割の再定義と、存在意義の確立も明確になるであろう。今後も、住民にとっての未来の図書館を追及・模索し、その実現に向けた一歩を踏み出したい。

1. 背景と目的

本プロジェクトメンバーの一人は図書館勤務時代の関わりで、退職後も、地域の住民としての生活の一環で、雑誌論文や洋書、図書館情報学の関連資料を利用している。専門分野を限定せず、広く調査する住民の立場で、図書館の資料・情報・施設提供サービス[1]を利用する場面は多い。資料提供サービスにおける閲覧・貸出サービス以外に、情報提供サービスにおける電子的サービスや、施設・設備提供におけるインターネットの利用など、図書館を活用して調査を続けたい要求は大きい。

図書館員として勤務していた大学職員の頃は、図書館や資料・情報へのアクセスに要する経費・時間は、勤務する職場と一体化していたため、気にすることはなかった。退職して地域住民の立場となって、状況は一変した。地域の図書館利用が日常となり、雑誌論文や洋書、図書館情報学の関連資料の入手には苦労する。退職教職員の立場で、旧職場の図書館を利用できるものの、図書館まで出かけるための移動時間や費用が発生する。図書館員の立場を離れ、初めて、地域における普通の住民の立場となり、図書館サービスを利用することの大変さを実感させられた。菅谷[2]も『未来をつくる図書館』の序章では、「大学や企業からいったん離れてしまうと、それまで当たり前に使ってきたデータベースにさえアクセスできなくなることを思い知り、私は途方に暮れてしまったのだ」と述懐し、住民の情報格差を指摘している。

図書館勤務経験があり、図書館サービスや運営を熟知している者でも大変さを実感するのであるから、図書館サービスの全体像を把握していない住民にとって、図書館利用の障壁は大きく、そして厚い。また、住民が認識していないため、利用していない図書館サービスも多い。

未来の図書館について、住民目線で検討するため、「図書館笑顔プロジェクト」(以降、プロジェクト)を組織した。以下の目標により、2016 年 11 月から月例会を都内の図書館の研修室で開催・活動している。

・本、図書館、教育、地域とは何なのかを、社会や時代を反映した文脈の

中で意見交換
・意見交換、問題意識の共有により、広く業界関連の課題整理
・プロジェクトのチャンネルを通じて、業界への具体的な貢献策の発信・
　　　実行

　メンバー6名の構成は、地域学の専門家1名、非常勤教員2名、大学管理
職1名、大手書店員1名、情報産業会社員1名である。図書館勤務経験者4
名と民間企業在職2名、日常的図書館利用・未利用は半々で、全員が本と書
店を利用する地域住民であるとともに、教育・出版・情報産業に深く関わっ
ている。

　本稿は、住民と業界の両方の立場から、広く図書館・出版・情報・教育関
連業界、地方行政、地域住民の生活について、意見交換・調査を行った中間
成果である。

　未来の図書館は流行のテーマであり、研究・事例報告として、運営・設置・
建設などの立場から取り上げられている。今回は、住民の立場から、地域で
生活し、自己責任社会を生き抜くために、未来の図書館について考えた。プ
ロジェクトメンバー自身の調査を継続し、情報利用やコミュニティ活動を継
続的・効果的に行えるような提案を策定する目的で、未来の図書館に関する
議論を重ねた。

　1節では、背景と目的を述べた。2節では、今後の図書館の方向に関する
先行研究を概観した。3節では、図書館利用者アンケートと、図書館情報学
を履修している大学生のグループワーク（以降、GW）の結果を示した。最終
の4節では、図書館や情報関連のサービス・運営の経験者であり、地域の住
民でもあるプロジェクトメンバーにより、住民目線で、先行研究と学生・住
民のアンケートを分析し、未来の図書館への提案を行った。

2. 先行研究による未来

　多様な背景を持つプロジェクトメンバーが議論する際に、図書館理解の共通基盤とするため、図書館をめぐる先行文献により、戦後以降から現在までの公立図書館の流れを概観した。

表1　図書館に関する雑誌特集（・特集名／『誌名』年）

(1)行政・設置者による図書館	ンズ
・これからの学校図書館	『文教施設』2016
『教育と情報』1978	・公共図書館のミライ
・市民と図書館	『ガバナンス』2016
『［横浜市］調査季報』1986	・図書館へ行こう!!
(2)図書館の使い方	『洋泉社 MOOK』2016
・知の共有空間・図書館	・図書館は「無料貸本屋」ではない!
『文化評論』1991	全国の『本気の図書館』を知ろう
・図書館をしゃぶりつくせ!	『ビッグイシュー』2017
『別冊宝島 EX』1993	**(4)図書館でまちづくり、知の拠点**
・図書館へ行こう!	・まちづくりを担う公共図書館と FM
『大阪人』2004	『JFMA Journal』2017
・本が人を動かす：国際交流の場とし	・進化する図書館
ての図書館	『Civil Engineering Consultant』2017
『国際交流』2004	・図書館と地域づくり
・立教大学における学習支援と図書館	『地域づくり』2018
『立教大学教育開発研究シリーズ』2009	・こんな図書館のあるまちに住みたい
・学習環境としての大学図書館	『地域人』2018
『IDE 現代の高等教育』2009	・公共図書館を考える
・アメリカの大学図書館事情	『三田評論』2018
『理大科学フォーラム』2012	・図書館の未来
・おすすめの図書館	『現代思想』2019
『ソトコト』2013	・図書館とまちづくり
・図書館の使いこなし方	『地域人』2019
『ビッグイシュー』2015	・図書館・博物館、デジタル化の試練
(3)図書館の応用的使い方	『日経グローカル』2019（地域資料の
・キャンパス図書館とラーニングコモ	デジタル化）

2.1 図書館に関する雑誌特集

　近年、一般雑誌では、地域活性化、課題解決、デジタル時代への対応など、図書館が特集として取り上げられることが多くなっている（表1）。一般雑誌における図書館特集から、図書館への興味・関心の現状を概観した。

　(1) 1978–1986年は、行政や設置者による紹介。(2) 1991–2015年は、図書館それ自体の使い方。(3) 2016–2017年は、図書館の応用的な使い方への外部的評価の高まり。(4) 2017–2019年は、図書館がまちづくりの拠点や知の拠点として、認知・価値が拡大した。90年代以降、図書館の社会的認知が拡大した背景には、伝統的な収集・整理・保管・提供という基本的な図書館機能が構築されていたことにある。図書館の特集を取りあげる雑誌の分野は、暮らしから施設へ、そして地域に変わっている。

　一般雑誌での図書館特集は、地方行政や民間事業者など、図書館に対する業界外における注目の高まりを示している。結果として、図書館の基本である伝統的機能が見え難くなっている。しかし、伝統的機能を維持しつつ、新しい価値との融合を実現している図書館もある。

2.2 議論のための戦後の図書館の流れ

2.2.1 『市民の図書館』に代表される時代の図書館観から

　第二次大戦後の図書館法の成立(1950)により、無料の原則を中心に新しい公立図書館の形が示された。高知市民図書館を嚆矢とする開架式閲覧・自動車文庫などの試みはあったものの、しばらくの間はまだ特定利用者の館内閲覧中心のままで、市町村立図書館の振興は全般的に低迷した。その後、高度成長期を迎える中で、日本図書館協会（以降、JLA）の中小公共図書館運営基準委員会(清水正三委員長)により『中小都市における公共図書館の運営』(1963)[3] (通称「中小レポート」)が刊行された。そこでは図書館のあらゆる業務を「奉仕」から再編成し、中小公共図書館がその最前線にあるということと、そのために必要な各種指針が示された。

　また同じ頃、新安保条約反対デモで揺らぐ社会に対し、JLA有山事務局長[4]は「図書館の教育性とは、資料を要求して、それを理性的に検討して自

己の意見を自主的に決定する、という合理的精神を民衆に植えつけることである。つまり民主的能力の培養ということである」という考えを持っていた。

　その有山がJLAから日野市長に転身し、時期は前後するが、同じくJLAから日野市立図書館創設に招かれた前川[5]は、そこでの実践で「貸出しがすべての好循環を生む」という思想を育んだ。それは理想的な蔵書構築も、レファレンスサービスも含め、すべてはカウンターでの利用者とのやり取りから形成されてくるというものだった。

　日野市立図書館が、移動図書館一台から始めて大きな成果をあげる中、JLAは前川を中心に1968年から「公共図書館振興プロジェクト」を実施し、その報告である『市民の図書館』[6]が1970年に刊行された。そこではサービス対象を「市民」個人におき、貸出方式は記録の残らないブラウン式を推奨するなど新しい考えが打ち出されたが、特に以下の3つを最重点目標とした。1)市民の求める図書を自由に気軽に貸し出す、2)児童サービスを重視する、3)図書館を市民の身近に置くために全域サービス網をつくる。

　この『市民の図書館』の刊行当時JLAに在職し、その実質的な名付け親であった菅原[7]は、その後1978年に、図書館計画施設研究所を創設し、多くの図書館建設に関わる中で、市民を巻き込んで「図書館サービスを（つくるではなく）はじめる」という手法にこだわった。菅原は著書で「市民」とは、「自分でものごとを考え、判断し、その判断にもとづいて行動できる人」と定義している。

　前川と菅原に共通するのは、JLA事務局の勤務経験と、海外の事例の直接の見聞から、目の前の日本の現実にとらわれない広い視野を持っていたことで、前川の貸出中心に図書館サービス全体をシステムとして構築する手法は、その後、高度成長時代の公立図書館サービス拡張期に、一種の理想形として大きな影響を与えた。しかし、前述の貸出の伸長は、後に公立図書館の「無料貸本屋」化につながったという批判を受けることとなった。

　一方、東京都墨田区立八広図書館の、ちば[8], [9]は、地域文庫に学びつつ、地域の住民による自発的な図書館像を柔軟に受け入れて行く中で、図書館を「本のある広場」と位置づける試みを行なった。1980年代前半には、主に図

書館問題研究会(図問研)でも「広場としての図書館」について議論された。

2.2.2 「市場化時代」以降の図書館の新しい運営方法・役割を考える立場から

1990 年代のバブル経済崩壊以降、自治体の財政事情悪化、また大学図書館では少子化による私立大学の経営基盤の悪化などにより、社会の新自由主義的な流れに、図書館も大きな影響を受けることとなった。具体的にはイギリスから始まった NPM(ニュー・パブリック・マネジメント)の手法が、公共施設運営の委託・外部化をもたらし、2003 年施行の指定管理者制度が図書館にも導入された。このような時代背景から、高山ら [10] は「市場化時代」に図書館が対応する方法として、図書館への NPM 手法の導入への道を示した。

また、柳 [11], [12] は自ら千代田図書館のサービス再構築の実践に関わる中で、指定管理者制度による新たな価値創造の可能性を示した。千代田では「図書館コンシェルジュ」などが大きな話題となったが、実際には顧客利用者層をセグメント化するマネジメントを行ったことが重要だった。柳はそれ以前のいわゆる「貸出至上主義」の図書館では、結果的に児童や高齢者といった特定の利用者層のみに経営資源を配分することになってしまうとし、「利用者層を選別し優良顧客を獲得する」ために、サラリーマンなど成人の利用を促進する政策をとった。指定管理者制度導入はそのための一つの方策だったと述べている。

それらの動きに先立ち、1998 年には「中心市街地活性化法」の制定を受ける形で「まちづくりと図書館」が語られるようになり、同じ頃「地域の情報拠点としての図書館」という言葉が、文部省生涯学習審議会のもとの図書館専門委員会の報告で用いられた。さらにその後、情報化社会の進展に沿って、JLA も 2001 年に『図書館による町村ルネサンス L プラン 21』[13] という政策提言を出した。その中には、「図書館は地域の情報拠点」、「地域の課題解決能力・政策立案能力を高める」というものがあった。そして、これらの政策文書、政策提言の作成に委員として関わった糸賀 [14] は、この方向性を『市民の図書館』を超える「新しい図書館モデル」として考えていた。糸賀

は『市民の図書館』が刊行当時から 80 年代までの状況では大きな意義を持ったとしながら、それ以降、図書館業務の構造全体が変わった現在では、無条件な貸出拡大や要求論のみによる選書は、逆に負の遺産となりかねないと指摘している。この新しいサービスモデルとしての「課題解決型サービス」は、その後、様々な図書館に広がり、多様な形で展開することになった。

2.2.3　学びの場として「図書館の教育的機能」を重視する立場から

　1990 年以降、バブル崩壊と失われた 20 年という危機の時代、運営手法的に対応しようという動きだけでなく、インターネット環境の進化に伴う図書館の教育的機能に注目した新たなサービス構築を目指す動きも生じた。これらは「利用教育ガイドライン」の作成から指導サービスによる「情報リテラシー支援」への動きとなっていった。

　初期には、目録情報の電子化や、電子資料の導入が進んだ大学図書館で、主に図書館オリエンテーション、初年度教育改革の必要性から議論されたが、これは、アメリカの ACRL（大学・研究図書館協会）の情報探索法指導ガイドラインの考え方を取り入れたものだった。その中心になったのは、JLAの図書館利用教育委員会[15]だったが、メンバーはその後も著作・実践を通じて情報リテラシー支援方法の研究、実践活動を行っている。

　また、根本[16]は「書物自体は一貫して重要視されていた日本で、社会機関としての図書館の評価が低かったのはなぜなのか（中略）図書館の存在が意識されにくかった理由は、日本社会が個人の知的活動を自律的に行うことを妨げてきた理由と同じだということに気づいた」と述べ、西欧諸国に遅れて近代化した日本が、明治以降の教育の中で「自律的な知的活動」を重視してこなかった事情を指摘している。

　これらは、現在、図書館が情報リテラシー支援を重要な機能と位置づけようとしている背景に、与えられる情報だけでなく、それを自律的・批判的に活用する力を養成することが必要だからという考えからのものだろう。それは、かつて有山や菅原が指摘したように、「個人が主体的に判断し自由に行動する」という、民主主義の基本ルールにつながるものだと言えるだろう。

2.2.4　近年の図書館をめぐる外部からの意見表明

2000 年以降も、様々な問題を抱えながら公立図書館は量的な発展を続けた。しかし、図書館が社会に広がる中で、図書館内部だけでなく外部有識者、図書館職員以外のプレイヤーからの発言も行われるようになった。

また、阪神淡路大震災、東日本大震災を経て、図書館の危機管理的な側面が注目されるとともに、新たなまちづくり、コミュニティ創成、カフェ併設とサードプレイスなど、図書館に求められる機能も多様化することとなった。さらに、課題解決型サービスの提唱、摸索が進み、ビジネス情報支援、健康・医療情報、法情報サービスなどを実現するための様々な動きが生じている。

ジャーナリストの菅谷[17] は、『未来をつくる図書館』で、ニューヨーク公共図書館の事例から、わが国に、図書館によるビジネス情報支援のモデルを紹介した。そこでは、図書館は単に本を借りたり、調べものをする場所なのではなく「過去の人類の偉業を大切に受け継ぎ、新しいものを生み出すための素材を提供」し、それが社会を活性化させるという、市民のための知的インフラなのだという。また、ビジネスだけでなく、芸術活動への支援、医療情報や多文化社会への対応など、多様なサービス展開への可能性も示され、また、運営のためのファンドレイジングやブランド戦略など、日本では見落とされがちな視点も説明されていた。さらに、インターネットの普及が進む中で、情報のデジタル化と発信、デジタルコレクション、学びのコミュニティづくり、さらに、デジタルデバイド解消のための情報リテラシー支援など、今日的な様々な話題が、時代に先駆けて紹介されている。

結論として、菅谷は、図書館は「情報を紡ぎ、未来の文化をつくる」場であると述べている。日本の現状は、まだ図書館の可能性を生かし切れていないといえるだろう。

その後、猪谷[18] は、『つながる図書館』で「公共図書館は無料貸本屋から脱して、地域を支える情報拠点としての施設にシフトしている」という認識から、その変わりつつある図書館の姿として全国の様々な「最前線」の図書館事例を紹介している。

また、猪谷と同時期に、アカデミック・リソース・ガイド代表取締役である岡本[19]は、著書で公共図書館の現状の問題点を以下の様に整理している。

従来型の図書館環境のデザインは、建築(ハード面)主導で行われてきた。そのため、経済活動との関わりが主体となり、図書館が市民にどのように利用されるかという社会的意義が、ともすると二の次になってしまう傾向があった。しかし、インターネットの進展によって、知識・情報と人の関わり方が変化したことにより、そのような形での図書館デザインには行き詰まりが生じている。

もう一つの問題は、行政や図書館の現場に人材がいなくなっているということで、図書館の運営はバブル崩壊以降、若手に引き継がれないまま、多くの場合、非正規職員主体の運営形態に移行している。そのため、現在は運営自体を外部に委託するという動きになっている。本来、図書館のデザインは、その地域のまちづくり・将来像をもとに、しっかりとした構想・ビジョンを策定し、それを実現するための戦略を練ってアウトプットすべきもの。そこには「単創性(従来型図書館)」とともに「共創性(コワーキングスペース)」の機能を調和させることが求められる。

また、『市民の図書館』は全国的なサービスの標準化には貢献したが、その後、社会の要求は変化している。1980年代までの図書館整備は「まちづくりの要件」であったが、現在は、図書館の集客力をまちづくりに生かす「まちづくりのための図書館」が求められるようになったとする。

ここには、街における図書館の価値の上昇が認められる。

2.3　未来の図書館を考える枠組み

未来の図書館を考える参考にしたい先行調査を、以下に3つ示す。

将来に重要となるサービス分野、利用者と学習、変革のステップである。

佐藤[20]は、大学図書館で将来重要になる 12 分野のサービスをあげている（表 2）。公立図書館への適用には、「⇨」で読み替えることができる。

表 2　大学図書館で将来重要になる 12 分野のサービス

（ 1 ）外部電子情報源の提供
（ 2 ）図書館利用の時間的・空間的拡大
（ 3 ）個人に特化したサービス
（ 4 ）学習支援
（ 5 ）研究支援 ⇨ 議員・行政職員・教員支援
（ 6 ）授業支援 ⇨ 学校支援
（ 7 ）技術支援
（ 8 ）身体的・言語的アクセシビリティの向上
（ 9 ）社会への貢献 ⇨ 住民活動への貢献
(10)内部情報源の発信 ⇨ 地域・行政資料の発信
(11)「場所」としての図書館
(12)資料保存

Brophy[21]は、21 世紀の図書館利用者と学習に注目した 8 項目をあげている（表 3）。

表 3　図書館利用者と学習に注目した 8 項目

（ 1 ）サービスの個別化と認証
（ 2 ）データ保護とプライバシー
（ 3 ）情報探索行動モデル
（ 4 ）図書館利用モデル
（ 5 ）学習と図書館
（ 6 ）ネットワーク学習と図書館
（ 7 ）生涯学習と図書館
（ 8 ）情報リテラシー教育

Palfrey[22]は、変革への 10 のステップをあげている（表 4）。

表 4　変革への 10 のステップ

（1）デジタル・プラス時代に向けて図書館を再定義し、プラットフォームとして作り直す。（※デジタル・プラス：資料がデジタル形式で作られ、その後、様々なフォーマットに直されること。） （2）図書館は意欲的なネットワーク機関としての役割を果たさなくてはならない。それには大規模で動き、利用者のためにその規模を有効に使うためのネットワークが必要。 （3）この再定義の基本は、需要指導型でなくてはならない。過去がどうだったかでなく、人々や地域社会が現在、そして未来の図書館に何を求めているかが基本。 （4）図書館の再定義の段階で、フィジカルとアナログを排除してはならない。未来の図書館には、資料や空間のための場所と、利用者が経験するための場所がある。 （5）司書はただ公共の利益のために、必要なことだけをして、立地条件を生かすよう努めるべきである。	（6）図書館は著者やエージェントや編集者や出版社と連携すべきである。知識を生み出すエコシステムの一部として、図書館は存在する。 （7）図書館の空間は、研究所や「共同制作機関」に近い機能を果たすべきであり、人々はそこで情報に触れ、新しい知識を利用する。 （8）司書たちは協力し合い、オープンに共有された大規模なデジタルインフラを作るために技術者と連携すべきである。 （9）知識の保管には、いま以上の連携が必要である。図書館は物理的スペースを維持すべきだが、それを資料の保存以外のさまざまな目的に使うべきである。 （10）19 世紀末から 20 世紀はじめにかけて慈善家や地域や大学が力を入れたように、図書館が新たな時代へと移行するには投資が必要である。アクセスにも保存にも力を注ぎ、図書館の研究開発にかかったこれらの資本コストは、民主主義に大きな利益を生むだろう。

3.　利用者の立場からの未来

　前節では戦後日本の公共図書館の流れと、その将来に関する先行的な研究等を概観したが、本節では図書館利用者、大学生等の視点からの未来の図書館像を確認していきたい。

3.1 図書館利用者アンケート

プロジェクトメンバーの一人が図書館協議会の委員である藤沢市の図書館利用者アンケート[23]を、利用者の立場での図書館への期待として参照する。アンケートでは、蔵書と施設の満足度は大きい。

さらに、『日本の図書館 2018 年度』により、住民一人当たりの貸出数を、藤沢市と近隣自治体の図書館と比較する（表 5）。

藤沢市は 8.4 冊と、鎌倉市 7.6 冊、寒川町 7.3 冊、座間市 7.0 冊、海老名市6.2 冊、大和市 5.4 冊、平塚市 5.3 冊、30 万人以上自治体平均 5.2 冊と比較しても、活発な利用状況を呈している。活発な利用を反映し、利用者アンケートでは、多くの住民から基盤部分である蔵書と施設・設備への評価が寄せられている。一方で、個人の要求は多様なため、自由記入では改善点も寄せられている。

改善点として駐車場・駐輪場、トイレ、返却ポスト、蔵書、開館日・開館時間、貸出履歴など、施設・設備、資料、サービスの拡充への基盤部分や資料提供への要望がある。また、日常的に利用している基盤部分には評価・要望があるものの、一部の利用者しか利用していない、レファレンスサービス

表 5　藤沢市と近隣自治体図書館データ（[貸出数 / 人口] の順）

日本の図書館 2018	奉仕人口	蔵書冊数	貸出数	蔵書冊数 / 人口	貸出数 / 人口	sp: サービスポイント bm: 自動車図書館
藤沢市	42.9 万人	123.6 万冊	360.3 万冊	2.9 冊 / 人	8.4 冊 / 人	4 館 +11sp
鎌倉市	17.6 万人	55.3 万冊	133.3 万冊	3.1 冊 / 人	7.6 冊 / 人	5 館
寒川町	4.8 万人	21.6 万冊	34.8 万冊	4.5 冊 / 人	7.3 冊 / 人	1 館 +2sp
座間市	13.0 万人	41.4 万冊	91.2 万冊	3.2 冊 / 人	7.0 冊 / 人	1 館 +1bm+3sp
海老名市	13.1 万人	41.2 万冊	81.2 万冊	3.1 冊 / 人	6.2 冊 / 人	2 館 +3sp
大和市	23.5 万人	54.2 万冊	126.9 万冊	2.3 冊 / 人	5.4 冊 / 人	3 館 +2sp
平塚市	25.7 万人	80.7 万冊	136.7 万冊	3.1 冊 / 人	5.3 冊 / 人	4 館 +1bm
30 万以上 51 自治体	2,127.6 万人		11,087.2 万冊		5.2 冊 / 人	
綾瀬市	8.5 万人	24.9 万冊	41.5 万冊	2.9 冊 / 人	4.9 冊 / 人	1 館 +3sp
茅ヶ崎市	24.2 万人	49.7 万冊	103.7 万冊	2.1 冊 / 人	4.3 冊 / 人	2 館 +1bm+9sp
相模原市	71.7 万人	145.8 万冊	271.6 万冊	2.0 冊 / 人	3.8 冊 / 人	4 館 +25sp

やデータベースなど、情報サービスへの要望は寄せられていない。

　住民の要求に深く踏み込んだ質的調査の例を紹介する。

　　カラープリンタの満足度調査において、定量調査では「より印字速度を速く」であったが、これ以上アップするのは技術的に困難で、コストもかかり過ぎる。「印字速度が遅い」は生活者の言葉で、インクのにじみや紙詰まりで、何度も失敗して時間がかかるという状況が明らかになった。印字速度が速めるのではなく、紙詰まりなどでプリントするのに時間がかかるという意味で、印字速度を速めるのをやめて、シートフィーダーの性能をあげたり、インクがにじまないように変えることで、「印字速度が遅い」という不満は消えて、実際に満足度が高まる。[24]

　サービスの内容や有効性が周知不足なのか、そもそも利用要求が少ないのか。それとも、図書館サービスでは満足に至らないのか、何か全く別のことを求めているのか。今後、住民が本当に求めていることを、質的調査により解明しなければならない。

3.2　授業グループワークでの図書館への期待

　図書館への期待と図書館の効果を、アイデアを多く出すのではなく、2人から4人、4人から8人へと、対話を積み重ね、意見を集約するGWにより、未来の図書館への幅広い考えを抽出した。慶應義塾大学通信教育課程夜間スクーリング「図書館・情報学」の2015年から2018年の4年間で年間2回ずつ、計8回実施した。

　授業目標は以下の3点を設定している。

　　a) 課題発見・解決のための情報活用能力の習得
　　b) 情報メディアと図書館の特徴・仕組みを知る
　　c) 情報の収集・加工・発信の演習による理解

GW 実施前には、図書館の役割・機能、資料組織の仕組み・効果、メディアの種類・特徴、紙媒体・ネットワーク情報資源の情報検索の講義を終了している。学生は卒業論文作成を控え、図書館利用のモチベーションも高く、図書館利用の基礎的な知識を備え、図書館への期待の度合いも大きい。GW の結果をリスト化して示す（表6）。

表6　図書館への期待

個別事項	キャッチコピー
・Web サイト上のコンテンツ充実	1) どこでも国会図書館！
・ICT 環境の充実	2) 集中パワースポット
・データベース、電子書籍・新聞の充実・貸出・閲覧	3) 文化レベルの向上
・検索性能の向上	4) 図書館は世界に広がる窓─楽しく豊かに
・Wi-Fi 環境	5) 生活の中の一部としての図書館
・閲覧席の予約システム	6) 現実と仮想のブラウジング
・貸出履歴の活用・出力	7) 知育と生涯学習の「場」
・レファレンスサービスの更なる充実	8) バーチャル図書館（プチ有料化も）
・更なる利便性の向上	9) 情報テーマパーク
・カーリルとの連携	10) ネットと図書館が握手
・マイナンバー制度とのリンク	11) コミュニティ型図書館
・全国共通アプリ	12) 仮想型図書館
・クラウド活用して利便性の向上	
・有料プレミアムサービス	
・アクセシビリティ、障害者サービス	

GW で出た意見は住民目線での図書館への率直な期待であり、注目すべき個別項目とキャッチコピーを抽出して、特にグルーピングせずリスト化した。キャッチコピーの内容については、授業内での表現を活かして以下に簡潔に示す。

1) どこでも国会図書館！

ネットの検索をより容易にし、電子書籍に自宅からもアクセスでき、日本中どこの図書館でも国会図書館と同じようなサービスが受けられる仕組み。宅配・回収サービスでも提供。

2)集中パワースポット

そこに行けば必ず情報が得られ、集中して取り組んでいる人が多くいるため、作業がはかどる。検索から実際の目視による新たな発見がある。その結果、作業も進む！

3)文化レベルの向上

図書館の存在意義は、公共性や格差なく誰でも利用できること、スケールメリット（個人で所有するには限界がある）、レファレンスサービス等（コピー、ネットワーク、学習空間も含む）、質的担保。

4)図書館は世界に広がる窓─楽しく豊かに

カフェ、博物館などの付属の施設も。財源の確保や有料サービスを可とする人々。地方自治体の協力と、都市部と地域の格差の解消。司書の研修を深めることも必要。

5)生活の中の一部としての図書館

施設としては、学習スペースの拡充、子供と共に利用しやすく、登録を全国共通に。自宅からのデジタル資料へのアクセス（検索から閲覧まで）、地域資料のデジタル化も。

6)現実と仮想のブラウジング

図書館で、本との新しい出会いと、異なる視点・新旧の比較。Web での資料の横断検索と、目的にあった図書館を探すこと。

7)知育と生涯学習の「場」

自分だけで所有できない本を利用できる。本以外の多様な資料を利用できる。展示・読みきかせ、イベントなど、集まるメリット。

8)バーチャル図書館（プチ有料化も）

より便利に資料の閲覧の機会を設ける（過疎地、高齢者）。バーチャルなコミュニケーション（アバター・VR の利用）。

9)情報テーマパーク

様々なサービスがそろっている（DVD 視聴、勉強空間、検索メディア）。時間・空間の節約（自宅の本棚節約、検索時間の節約）。エコ。

10) ネットと図書館が握手

インターネットの普及により、従来の図書館の利用方法の幅が広がって便利に。

11) コミュニティ型図書館

見守り(自宅への配送)、つどいスペース、3D プリンター(自宅で本の複製)、現行の分類順に並べるのではなく対象読者層を切り口とした書架の並び(専業主婦、学生(中高大)、会社員、シニア、フリー(自由業)など)。

12) 仮想型図書館

時間と距離を超えて(24 時間)どこでも本を読めること(日本でも海外でも)。青空文庫の拡大版のような図書館。会員制で有料も検討する。

4. 未来の図書館

4.1 5つの提案

図書館笑顔プロジェクトでは、未来の図書館を検討する際に、図書館の運営、サービス、住民要求など、図書館サービス・運営に関わるあらゆる観点から意見交換した(表7)。個々の観点の内容の詳細や論点の整理は、プロジェクトの今後の作業としたい。

表7　図書館笑顔プロジェクトでの意見交換の内容

行政・設置主体 ・補助金行政や地方交付税 ・公共建築と都市計画、公共施設等総合管理計画 ・複合施設の得失とライフ・サイクル・コスト ・行政法における給付行政・権力行政と競合性・排除性 ・雇用形態と運営・ミッション **図書館** ・戦後の図書館発展過程、図書館人事・組織・政策	・専門職制度と司書有資格者率 ・自治体組合活動と図書館運動 **住民** ・無料原則と有料化・有料サービス、場所だけの図書館 ・地域資料の有効性と構築、利用者とレファレンス業務 ・最大公約数的な図書館機能・図書館像 ・住民・行政・館員間の意思疎通や信頼感

表 8　5 つの提案、理由、例

1) 図書館機能を周知すること 　理由：日常利用の範囲でしか機能を知り得ない。住民は基本機能と拡大機能を知りたい。 　例：レファレンスからインストラクションなど **2) 図書館の基本機能(資料・施設・人)を整備すること** 　理由：基本機能は要求を満たしていない。満足できる水準の資料・施設・人を求めている。 　例：館種・地域を超えた資源共有など **3) デジタル化に対応すること** 　理由：社会的に普及している ICT の水準に達していない。改めて「いつでも・どこでも・誰にでも」サー	ビスを。 　例：電子資料の充実・リモートアクセスなど **4) 住民の立場で図書館運営を改善すること** 　理由：運営改善で一歩一歩、実現できるはず。『市民の図書館』での改革の実績がある。 　例：5 層構造での図書館運営の切り分け(表9) **5) 住民、地域、行政・設置主体と共生すること** 　理由：関係者の意識改革・信頼醸成が不十分である。住民の生活・幸福向上は万人の想いである 　例：断片化する知を統合できる環境整備

　プロジェクトでは、これらの意見交換の内容、先行研究、利用者アンケートと GW の結果を参考に、未来の図書館を提案する議論を行った。未来の図書館に関して、プロジェクトメンバーの知見の範囲から、現段階での 5 つの提案を示した(表 8)。

　以下に提案を詳述する。提案の必要性や有効性について、具体的なイメージがもてるよう、適宜にプロジェクトメンバーの発言を挿入した。

提案 1) 図書館機能を周知すること

　図書館機能を周知することについては、日本の現状では、図書館の存在自体は、本の貸出や催し物の開催などで、社会的に認知されている。しかし、レファレンスサービスやレフェラルサービス、情報活用のインストラクション機能など、資料提供以外の情報提供機能の認知は十分とは言えない。

　　貸出などの資料提供に加え、住民の情報活用のために、インストラクション

機能の追加や、住民への意思決定支援サービスの環境整備がいる。（参考：『図書館利用支援ガイドライン』[25]）［プロジェクトメンバーの発言］

図書館員に訊かなくても、自分で調べる方法が良くわかっているし、何よりも自分で調べることが好き。また、論文入手には、Google Scholar、CiNii、JAIRO、NDL 登録利用者サービスで十分。判例のデータベースも提供されていて有用であるが、必要とする時事情報や言葉の定義など、信頼性の高い情報を効率的に探せるように、新聞や辞書・事典のデータベースを、図書館に出向かなくても、最寄りの分館や、自宅から使えるリモートアクセスでの提供も技術的に可能であることを周知し、住民のニーズを喚起する。図書館で所蔵する紙媒体の資料だけでなく、ネットワーク情報資源の活用法をサポートする必要もある。［プロジェクトメンバーの発言］

また、伝統的な図書館機能以外に、図書館に関する雑誌特集（表 1）などで、新しい機能として注目される「知の創造・編集」、「コミュニティの創造」、「まちの拠点機能との連携」なども含め、図書館サービスの全体像の周知も必要である。

未来の図書館に関して、図書館は既に旧態依然とした書籍を中心とした知の集積地であるだけではなく、「知」の創造・編集、コミュニティの創造、街の拠点、行政や民間に関わらず「単体」ではなく「複合」施設としてこその価値など、多面的な機能を有した存在として、図書館の価値と意義を新たにする必要性を感じる。［プロジェクトメンバーの発言］

提案 2）図書館の基本機能（資料・施設・人）を整備すること

図書館の基本機能（資料・施設・人）の整備は、住民目線で一度、大きく見直すことが必要である。硬直化した図書館や行政の目線では見逃されている事項が存在する。藤沢市の住民アンケートにおける改善点の自由記入では、蔵書、駐車場、トイレなどの整備への要望が多かった。Wi-Fi などデジタル

化への対応も求められている。サービスポイントの拡大や高齢者サービスの観点から、移動図書館を現代的に再評価する要求にも注目すべきである。

　また、館種を超えた図書館間協力による資源共有が実現すれば、公共図書館 4.4 億冊、大学図書館 3.2 億冊の、利用用途の異なった蔵書を活用できる。サービスポイントとしての図書館数、人的資源としての館員も活用できる。地域の大学図書館の専門情報の住民への提供は、その実効性は明確にできていないものの、県レベルでは既に実現できている [26]。

　　大学は国民のものとして、蔵書も、（ベンダーとの契約はあるものの）電子ジャーナルもデータベースも、住民に開放されるべき。その際、来館した一日限りのユーザーとするなどの方法もあるのでは。[プロジェクトメンバーの発言]

　　蔵書構築における「変な選書」は、選書する人の問題である。委託や指定管理などの運営形態の問題ではない。レファレンスを経験していないと、住民との対話を経た、住民目線の適正な資料の選定はできない。従って、貸出、リクエスト、レファレンスの現場が選定を行うべき。要求論だけではない図書館員の矜持がある。[プロジェクトメンバーの発言]

　　資料の範囲は、図書館員による固定化された範囲ではなく、住民の求める広い範囲、例えば、住宅カタログ、自動車カタログ、新聞広告などなど。図書館の整理・管理・自己規制できる所蔵資料だけでなく。[プロジェクトメンバーの発言]

　　貸出を含んだ広い範囲の資料提供（レファレンス、児童サービス、障がい者サービスなど）までサービスが到達していないのでは？　図書館の基盤的機能をサービスに組み込むことができていないのでは？［プロジェクトメンバーの発言］

　「コミュニティの創造」についても、どのような仕掛けを図書館内に作る

のか、今後、図書館単体の施設でなく、複合施設化も絡めて考えていくとともに、図書館の基本機能を全体的にデザインする視点も必要となるだろう。

> 学校と家庭のどちらにも居場所を見つけられない子供が増えている。図書館は誰でも自由に行き来でき、職員がいつでも見守っている。今後、第三の居場所という役割が図書館が果たす重要な使命になるのではないか。[プロジェクトメンバーの発言]

> GW での「どこでも国会図書館！」による電子図書館が大きく進展すれば、資料・情報提供の一極集中を招く恐れがあるものの、個々の図書館業務の負担が減る点は、業界全体の作業量の逓減につながる。[プロジェクトメンバーの発言]

提案 3）デジタル化に対応すること

インターネット時代の二十数年が経過し、岡部[27]が紹介している、公共図書館の利用者がリモートアクセスでデータを利用できるような、電子化の定着したアメリカの図書館事情や電子書籍化の現状と、わが国とのギャップを埋めることが急務である。

調査する住民のためのツールとして、ネットワーク情報資源の活用方法をサポートすることも重要である。その際、データベースの普及・契約は都道府県立レベル図書館の役割とし、大学図書館とは電子資料活用のノウハウで協力することが考えられる。

また、従来型資料の利用に困難のある利用者向けの、ユニバーサルなサービスとして、資料のデジタル化の促進も続けていくべきである。

> フリー Wi-Fi は、設置の際に、セキュリティ確保や、技術面が不安な図書館員は導入に消極的。住民の持込み PC 用の AC 電源や、電子ジャーナルの提供も同様。Web サイトの印刷も、著作権の適用において、自主規制が強すぎ、過剰にセンシティブ。委託・指定管理だけでなく、遵法が過ぎると、利用者とのギャップが広がる。一方的に遵守ではなく、著作権法の改正を働きかけ

ることも必要。新聞などのフルテキストデータベースも、プリントできない
ことも。プチ有料化もあるのでは。[プロジェクトメンバーの発言]

　データベースなどの電子資料が備えている、場所と時間の制約を受けない
という特性を活かすことで、住民にとってのサービスや業務の高度化・効率
化が実現できる。

データベースの利用時間に上限を設けていることは調査の妨げになる。リモー
トアクセスで自宅から自分のパソコンで使える環境が整い、図書館員が、ICT
に詳しく、電子資料の活用と契約にもプロフェッショナルになると、メディア
の記者など、調査する利用者が喜ぶサービスになる。[プロジェクトメンバーの
発言]

蛇口をひねれば水が出るように。「いつでも・どこでも・誰にでも」の考え方
からは当然のしくみ。そうならないのは、図書館員が発想を変えないからな
のでは。「提案3)」で述べたリモートアクセスの実現などは、できない理由
を探すのではなく、障害をクリアする前向きな対応をすべき。新聞のリモー
トアクセスについて、「新聞が売れなくなる」、「新聞はネットで読む」という
図書館関係者の反応もあるが、3カ月のエンバーゴや、過去の記事の検索も
ある。[プロジェクトメンバーの発言]

提案4)住民の立場で図書館運営を改善すること

　住民への図書館機能の周知、住民目線での図書館の基本機能の整備、住民
の求めるデジタル化への対応が求められている。近年の拡大・複雑化した図
書館機能の実現には、従来の固定化した図書館運営を組み替える必要があろ
う。運営改革の枠組として、図書館運営を5層構造（表9）で示した。
　図書館運営は、自治体によって立地（土地）が決まれば、にぎわいや複合な
どで建築もほぼ決まる。そうなれば、1階の通常部分と2階の応用部分のサー
ビスや、運営形態の方向性も決まってしまう。こうして、図書館運営は建築

に支配される。しかし、ここから未来の図書館に向けて、本当の運営をはじめなければならない。基礎部分としての個々の施設設備、業務システム、資源共有など、ハード面とソフト面の運営が、当初の建築の支配を逆転し、図書館建築を支配し始める。住民は、新しい図書館に大きな期待をもって足を運ぶので、図書館運営は、住民の期待を超える成果で応えてもらいたい。

例えば、運営形態では、2階部分の「交流、出会い、ひろば、にぎわい」は、図書館を会場とした催しでも、企画・運営を分離した委託も考えられる。

また、3階の未来部分では、AIやメディアの変容への対応も想定される。AIについては、映画『タイムマシン』[28]の未来の図書館では、5番街のニューヨーク公共図書館で、主人公は、ホログラフィーで対応する図書館員（the library's interactive reference protocol, Vox）から、時間旅行の情報を得る。生成AIの利用が一般化した現在、これは絵空事とはいえない。メディアの変容では、2004年製作の『EPIC 2014』（日本語字幕版）[29]という動画が、AmazonとGoogleが合体したGooglezonや、メディアの未来を予測している。この架空のメディア史に登場するEvolving Personalized Information Construct（EPIC：進化型パーソライズ情報構築網）は、「雑多で混沌としたメディア空間を選別し、秩序立て、そして情報配信するためのシステムで…最悪の場

表9　図書館運営の5層構造

未来部分（3階）	
	AI　例：映画『タイムマシン』 メディアの変容　例：『EPIC 2014』
応用部分（2階）	
	交流、出会い、ひろば、にぎわい
通常部分（1階）	
	蔵書、施設・設備、ひと
基礎部分（土台）	
	建築、図書館業務システム、図書館運営、図書館間協力、資源共有
立地部分（土地）	
	設置主体（自治体、大学）、法令、地域、住民、Life Cycle Cost（LCC）、Facility Management（FM）、建築の用途・用途変更・リノベーション

合、多くの人にとって、EPIC はささいな情報の単なる寄せ集めになる。その多くが真実ではなく、狭く浅く、そして扇情的な内容」となる。あふれるフェイクな情報のなかで、何が真実か各人が判断することが、今以上に求められていくだろう。

予測困難な未来に対応するため、住民の立場からは、『中小レポート』や『市民の図書館』が、図書館サービスの概念を覆した改革の「経験」が、未来の図書館に活かされることを図書館や自治体に期待したい。

> 自分のことは自分で責任を持つような風潮の「自己責任社会」で、住民が意思決定（多様な情報を使って自分で判断すること）するためには、図書館の新たな情報提供サービスが求められる。新しいサービスや機能の実現には、図書館経営・運営における方針転換、業務の高度化・効率化、ICT による高度化が必要である。意思決定支援という新しいサービス提供は、これまでの日常業務の延長では成し得ない。しかし、これまでにも大きな変革は成されてきた。「電子や紙、コンピュータやネットワークという、媒体や手段が新しく追加されても、新しい運営パターンを作り上げるという点で、『中小レポート』、『市民の図書館』による図書館拡充に至る手法は現在も有効である」[30]。[プロジェクトメンバーの発言]

グローバル化の進展とともに、いわゆる自己責任社会が到来した現在、生きるために必要な住民としての意思決定への支援が重要となっている。例えば、課題解決型サービスの一つとしての健康・医療情報サービスでは、住民への「ヘルスリテラシー」の支援という形で提供できる。その場合の「健康」という「課題解決」のための意思決定のサイクルをモデル化できる。ここで「1　情報源」の提供から「4　評価」までは、図書館が従来のレファレンス機能によって住民を支援するもので、「7　課題解決」から、住民が「8　情報共有」し、サイクルを「1　情報源」につなげる「9　住民のつながり・交流のための場の提供」により、図書館が住民交流の「場」として機能する。住民が課題解決のための「情報リテラシー支援のサイクル（図）」を共有するコミュニティが、成果として形成される。このモデル（図）は、中山の「ヘル

スリテラシーのプロセス」[31]を参考に一部改変して作成した。改変したプロセスのモデルは、単に健康・医療分野に限らず、住民が求める情報や課題解決、すべての分野に応用できる。

　ただし、資料提供・利用については、もちろん住民のプライバシーを最大限尊重しなければならない。従って、この「場（コミュニティ）」はあくまでも住民主体で運営できるものとするか、あるいは自治体の公民館的機能や外部の民間組織との連携を支援する形が望ましいだろう。

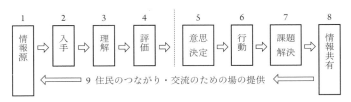

図　情報リテラシー支援のサイクル

　健康・医療情報サービスでは、住民自身による医中誌 Web の検索が求められるのでは。図書館内で、住民の自宅に近い分館で、できれば、リモートアクセスでの自宅からの利用の 3 パターンがある。使い方や文献の評価方法などのインストラクションも提供されればよい。医中誌 WEB やオンライン・ジャーナルのない医療・情報提供には限界があり、医学図書館や病院図書室との相互協力の仕組みが持てるとよいと、吉田[32]も指摘している。さらに、健康・医療情報サービスとして、医中誌 Web の製作・提供機関である医学中央雑誌刊行会も「一般の方々のニーズにも応えるサービス」[33]と案内している。住民による直接の医中誌 Web の利用には何かハードルがあるのだろうか？［プロジェクトメンバーの発言］

提案 5）住民、地域、行政・設置主体と共生すること

　住民、地域、行政・設置主体との共生と言うことは易しい。しかし、関係者の意識改革・信頼醸成が不十分である現状では、共生は難しい。一方で、住民の生活・幸福向上は万人の想いであることも確かである。

図書館が、「情報収集」、「保管」、「提供」にとどまらず、その延長として「意思決定」、「行動」、「課題解決」まで関わるのは、未来の図書館として、とても素晴らしく、ワクワクする魅力を感じる。そこでは、未来の図書館の機能として、「レファレンス」だけでなく、「カウンセリング」、「コーチング」という機能が重要になってくるように思う。

　なお、意思決定・行動・課題解決を促す機能としては、「コンサルティング」や「ティーチング」という機能も考えられるが、これらは、どちらかと言うと、知識を持ったものが、持っていないものに対して「正解」を教える、または、アドバイスする、といった面があり、ややもすると、個人の「自己決定」や「自律性」を削ぐ、つまり、「幸福感」を低めることにつながる危険性がある。もちろん、正解を提示することより目標の達成・実現の可能性は高まるかもしれないが、一方で、自分で選択したというより、他者の指示に従ったという感覚が残ってしまうため、「未来の図書館」の機能としては、「自己決定」、「自律性」を促す「カウンセリング」、「コーチング」の方が良いのではないかと考える。[プロジェクトメンバーの発言]

　OECDの幸福度（well-being）調査データをみると、日本は諸外国に比べ「主観的幸福」分野のポイントが低い。それは「人生の選択の自由度」が低いからだという指摘[34]がある。

　市民の「自己決定」力を養成し高めていくことは、未来の日本人を幸福にするための鍵であるともいえる。

　共生のための仕組みとして、まず「コミュニティの創造」を支援する機能が必要である。これは先に述べた「情報リテラシー支援モデル」における「情報共有」の仕組みを作ることでもある。そこでは図書館は主役ではなく、あくまで住民が主役となる。また、従来、社会教育の中では、図書館とは別の枠組みであった公民館機能とも、積極的に融合していくべきである。この点については、過去にも度々指摘されてきている。

　かつて、菅原[35]は「〈資料・情報〉と、それを手にし、個人で、またグループで学び活用するさまざまな〈場〉と（中略）の遊離した関係を絶ち、両者を

融合させることが、これから〈学習〉を考える基本になければなるまい」と述べて、会議室、集会室だけでなく、ギャラリー、工作室（アトリエ）、スタジオなどで〈場〉と〈資料・情報〉が結びつくことの必要性を指摘している。現在なら「ファブスペース」や「3D プリンター」の活用などがこれに加わっていくだろう。

　また、ちば[36]が構想した「広場としての図書館」も、図書館を舞台にした住民によるコミュニティ作りを、先駆的に目指したものと言えるだろう。

　図書館で住民と地域を結びつけるコンテンツとしては、いわゆる地域資料がある。これらは真っ先にデジタル化の候補となるものであり、その利用についても出来るだけオープンになるよう配慮されるべきである。また、コンテンツ自体の提供、解題情報の作成など、意欲ある住民との結びつきや役割分担によって、地域独自の「知の創造・編集」作業を進めることが望まれる。

> コミュニティーを形成する住民が交流するサイクルは、指導というより、図書館法に「（図書館奉仕）第三条　図書館は、図書館奉仕のため、土地の事情及び一般公衆の希望にそい…」とあるように、地域の事情をくみ、場を提供する、積極的な運営方針によって、自主的に成長する。[プロジェクトメンバーの発言]

　最後に行政・設置主体と住民の関係だが、ここでは特に図書館の運営形態について考えたい。現在、公共図書館の運営は、自治体直営か委託・指定管理者かで大きな争いがあるが、指定管理者制度は図書館運営になじまない、という一方的な正論は、すでに社会の現状から遊離したものになりつつある。これは「指定管理者はすべての公共図書館の運営に適合できる訳ではない」あるいは「図書館への指定管理者導入は、自治体の財政コストの合理化には結びつかない」と言い換えるべきではないだろうか。そしてこの問題を考えるときには、図書館の目的は何か、図書館は誰のためにあるのか、という側面を常に意識する必要がある。つまりその自治体の住民が自らの図書館に何を望むのかが最終的に問われるのであって、住民サービスの中で図書館

の地位が高いかどうかは、住民が「意思決定」し、自律的に判断するべきなのである。そして、この意味でも、図書館は意思決定のための情報を、判断の材料として提供しなければならない。また、住民も自らの望む図書館の形を実現するためには、積極的に図書館という「場」に参加し、意思を表明することが必要となる。

　極論すれば、自治体の財政が破綻しているのに図書館サービスの充実を実現することはできない。そのような場合には、初めて住民自身が、どのようにして、どのような図書館機能を実現するかを、真剣に模索し、限られた条件下でも何らかのコミュニティを作り出すことになるだろう。

　　図書館サービスを単なる「給付行政」（後述）として安易に外部化してしまう、
　　無責任な体制と言わざるを得ない自治体もあるように感じる。給付行政による公共サービスこそ、多様な情報を使って自分で判断することにつながるのでは？
　　給付行政とは[37]、住民に対する公共サービスの提供、社会保障の給付、補助金の交付など。権利自由を制限する「規制行政」と区別される。公共サービスは地方独立法人、地方公社、民間委託など、さまざまな形態・方法により提供される。［グループメンバーの発言］

　われわれ「図書館笑顔プロジェクト」は、図書館ですべての人が笑顔になる方法を探すことを目指している。それは、図書館の利用者であるすべての住民が幸福に「共生」することでもある。

　以上、住民からの目線でプロジェクトの提案をまとめた。今後、未来の図書館が目指す事柄には次のようなものもあるだろう。

　AIの発展によって今後整理されていく人間の仕事もある。そうなったら、図書館がリアルな人間同士が触れ合う場を作り出すことを望みたい。また、専門的な「知」がますます断片化していく中で、それを統合する場が必要となり、図書館はそのような場になることができる。そして、住民に「統合され広い視野に立った知」を提供して、自己判断・決定する力を育むこともで

きる。何よりも、住民が、フィルターバブル（後述）を通して、自分達に都合の良い情報だけを選択するのではなく、客観的に統合された情報源として図書館を選択できるようにしたい。

フィルターバブルとは、インターネットで、利用者が好ましいと思う情報ばかりが選択的に提示されることにより、思想的に社会から孤立するさまを表す語。サーチエンジンなどの学習機能によって、利用者の望む情報が優先され、望まない情報から遠ざけられる様子を、泡の膜に包まれている状態にたとえたもの。[38]

このような状況を打開するフラットな情報源としての図書館を目指すべきである。そうなれば、多様で民主的な社会を作ることに、図書館が貢献できるだろう。

> 広い知識を、多様性を持たせながら提供する場として図書館は格好の場、安心して多様な知識を参照でき、知の創造に貢献できる。参考：猪木武徳[39]［プロジェクトメンバーの発言］

> 道は、人のための歩道ではなく、自動車という経済活動を優先させた車道である。図書館を活用する住民は、人間の街[40]を見直すことができる。車と人間の立場が逆転した、日本の街の復興を推進する役割を、図書館に求めたい。［プロジェクトメンバーの発言］

4.2　今後の課題

図書館笑顔プロジェクト6名による、限定的な調査と議論の結果を、中間的な報告として、未来の図書館への5つの提案とした。メディアの多様化（電子化、ネットワーク化）、ICTの発展、社会・生活環境の変容を考慮したものの、現状への改善策の域を出ていない。また、図書館法（参考）で記述されている、図書館の定義と、図書館奉仕の事項を超えた未来の提案ともなっていない。

菅谷[41]は、「本来公共図書館は、市民のためのリサーチセンターのはずで

ある」と、『未来をつくる図書館』の「むすび」で述べ、図書館の公共的役割として、「多様なメディアの網羅的情報ストック」と、「司書の情報ナビゲーション機能」を求めている。さらに、「長期的な視点に立ち、市民に役立つという視点から、情報を収集し、整理し、検索しやすいように編集する作業は、公共的な役割を持つ図書館だからこそ可能」と強調している。

プロジェクトの作業は、菅谷の住民的視点を再確認した作業であったともいえる。

未検討の事項として、『文化情報資源と図書館経営』[42]で柳の示した、図書館の経営を文化資源政策にまで拡大した考察や、「中井正一と図書館のコミュニケーション」[43]で中村が示した、「図書館と利用者における平等なコミュニケーション」というとらえ方などがある。

議論を重ねた中から、多くの疑問が新たに浮上した。以下に一部を示すが、プロジェクトの今後の調査課題としたい。

- 住民の求める多様なメディアは、どうすれば図書館サービスに取り込めるのか？
- 非正規職員、業務委託、指定管理者制度など、雇用や運営の形態と専門的職員の関係が、図書館運営に与える影響[44]は、どうなっているのか？
- 調査する住民にとって、図書館とは何なのか？
- 調査はどのように住民生活に役立つのか？
- 調査とは何なのか？

これらの疑問に答えを出す過程で、図書館の役割の再定義と、存在意義の確立も明確になるであろう。また、出版、書店、本、読書、データベースベンダーなどについても、調査する住民にとっては、図書館と同様に重要な情報源であり、未来の図書館を検討する上で大きな関わりがある。今後も、住民にとっての未来の図書館を追及・模索し、実現に向けた一歩を踏み出したい。

第 1 章　未来の図書館　31

参考　図書館法[45]（抜粋）

（定義）

第二条　この法律において「図書館」とは、図書、記録その他必要な資料を収集し、整理し、保存して、一般公衆の利用に供し、その教養、調査研究、レクリエーション等に資することを目的とする施設…（以下略）

（図書館奉仕）

第三条　図書館は、図書館奉仕のため、土地の事情及び一般公衆の希望に沿い、更に学校教育を援助し、及び家庭教育の向上に資することとなるように留意し、おおむね次に掲げる事項の実施に努めなければならない。

一　郷土資料、地方行政資料、美術品、レコード及びフィルムの収集にも十分留意して、図書、記録、視聴覚教育の資料その他必要な資料（電磁的記録（電子的方式、磁気的方式その他人の知覚によつては認識することができない方式で作られた記録をいう。）を含む。以下「図書館資料」という。）を収集し、一般公衆の利用に供すること。

二　図書館資料の分類排列を適切にし、及びその目録を整備すること。

三　図書館の職員が図書館資料について十分な知識を持ち、その利用のための相談に応ずるようにすること。

四　他の図書館、国立国会図書館、地方公共団体の議会に附置する図書室及び学校に附属する図書館又は図書室と緊密に連絡し、協力し、図書館資料の相互貸借を行うこと。

五　分館、閲覧所、配本所等を設置し、及び自動車文庫、貸出文庫の巡回を行うこと。

六　読書会、研究会、鑑賞会、映写会、資料展示会等を主催し、及びこれらの開催を奨励すること。

七　時事に関する情報及び参考資料を紹介し、及び提供すること。

八　社会教育における学習の機会を利用して行つた学習の成果を活用して行う教育活動その他の活動の機会を提供し、及びその提供を奨励すること。

九　学校、博物館、公民館、研究所等と緊密に連絡し、協力すること。

（職員）

第十三条　公立図書館に館長並びに当該図書館を設置する地方公共団体の教育委員会が必要と認める専門的職員、事務職員及び技術職員を置く。　（以下略）

参考文献

1)　上田修一；倉田敬子．図書館情報学．第二版．勁草書房，2017, 250p.

2)　菅谷明子．未来をつくる図書館：ニューヨークからの報告．岩波書店，2003, 230p.（岩波新書；新赤版 837）

3)　日本図書館協会．中小都市における公共図書館の運営：中小公共図書館運営基準

委員会報告．日本図書館協会，1963, 217p.

4）有山崧．図書館は何をするところか．図書館雑誌．1960, 54（9），p.10–11.

5）前川恒雄．移動図書館ひまわり号．筑摩書房，1988, 218p.

6）日本図書館協会．市民の図書館．日本図書館協会，1970, 151p.

7）菅原峻．図書館の明日をひらく．晶文社，1999, 274p.

8）ちばおさむ．図書館の集会・文化活動．日本図書館協会，1993, 179p.（図書館員選書9）

9）ちばおさむ．図書館長の仕事：「本のある広場」をつくった図書館長の実践記．日本図書館協会，2008, 172p.（JLA図書館実践シリーズ10）

10）高山正也監修；図書館総合研究所編．市場化の時代を生き抜く図書館：指定管理者制度による図書館経営とその評価．時事通信社，2007, 251p.

11）柳与志夫．千代田図書館とは何か：新しい公共空間の形成．ポット出版，2010, 197p.

12）柳与志夫．社会教育施設への指定管理者制度導入に関わる問題点と今後の課題：図書館および博物館を事例として．レファレンス．2012, 62（2），p.79–91. http://dl.ndl.go.jp/info:ndljp/pid/3480644

13）日本図書館協会町村図書館活動推進委員会．図書館による町村ルネサンスＬプラン21：21世紀の町村図書館振興をめざす政策提言．日本図書館協会，2001, 62p.

14）片山義博；糸賀雅児．地方自治と図書館：「知の地域づくり」を地方再生の切り札に．勁草書房，2016, 252p.

15）日本図書館協会図書館利用教育委員会編．情報リテラシー教育の実践．日本図書館協会，2010, 180p.

16）根本彰．情報リテラシーのための図書館：日本の教育制度と図書館の改革．みすず書房，2017, 232p.

17）2）と同じ

18）猪谷千香．つながる図書館：コミュニティの核をめざす試み．筑摩書房，2014, 238p.（ちくま新書1051）

19）岡本真；森旭彦．未来の図書館、はじめませんか？．青弓社，2014, 194p.

20）佐藤千春．10年後の大学図書館サービス．Library and information science. 2007, no.58, p.1–31.

21）Brophy, Peter. Library in the twenty-first century. 2nd ed. Facet, 2007, 248p.

22）ジョン・ポールフリー．ネット時代の図書館戦略．原書房，2016, 285p.

23）藤沢市図書利用者アンケートの状況について．http://www.lib.city.fujisawa.kanagawa.jp/images/upload/2018_questionnaire.pdf

24）長谷川豊祐．フォーカス・グループ・インタビューは利用要求を解明する．現代の図書館．2010, 48（2），p.78–88. http://toyohiro.org/BookUnivLib/fgi.pdf

25）日本図書館協会図書館利用教育委員会編．図書館利用支援ガイドライン合冊版：

図書館における情報リテラシー支援サービスのために．日本図書館協会，2001，81p. 公共図書館版の第三領域「情報活用法指導」の「指導」に相当する．

26）長谷川豊祐．神奈川県内の図書館における館種を超えた連携：神奈川県内大学図書館相互協力協議会の発足から神奈川県図書館協会への統合まで．図書館評論．2018, no.59, p.55–68. http://toyohiro.org/hasegawa/201807_toshokan-hyoron_59_p55–68.pdf

27）岡部一明．アメリカの図書館を使い倒す：記事データベース，E-BOOK. Kindle 版．2018, 161p. https://k-okabe.xyz/2018/06/23/electronic-library-published/

28）映画『タイムマシン』 https://www.youtube.com/watch?v=Rkc09sTiS7g

29）『EPIC 2014』日本語字幕版 https://www.youtube.com/watch?v=Afdxq84OYIU

30）長谷川豊祐．図書館経営における課題と文献展望．現代の図書館．1998, 36（4），p.224–233. http://toyohiro.org/hasegawa/manage.html

31）中山和弘．"ヘルスリテラシーとは"．福田洋；江口泰正編．ヘルスリテラシー：健康教育の新しいキーワード．大修館書店，2016, p.5. 図 1-1

32）吉田倫子．公共図書館で健康・医療情報を提供する：横浜市中央図書館の医療情報コーナー．医学図書館．2007, 54（3），p.264–269. https://ci.nii.ac.jp/naid/130002024239

33）医学中央雑誌刊行会．医療関係者以外の方へ https://www.jamas.or.jp/public/

34）西村和雄；八木匡．幸福感と自己決定：日本における実証研究．経済産業研究所，2018, 31p.（PRIETI Discussion Paper Series 18-J-026） https://www.rieti.go.jp/jp/publications/summary/18090006.html

35）7）と同じ

36）8）、9）と同じ

37）川崎政司．地方自治法基本解説．第 5 版．法学書院，2013, p.95.

38）デジタル大辞泉 filter bubble https://kotobank.jp/word/%E3%83%95%E3%82%A3%E3%83%AB%E3%82%BF%E3%83%BC%E3%83%90%E3%83%96%E3%83%AB-1813752

39）猪木武徳．知の断片化の危機回避を．日本経済新聞．2019 年 1 月 4 日（朝刊），p.19.

40）ヤン・ゲール．人間の街：公共空間のデザイン．鹿島出版社，2014, 273p.

41）2）と同じ

42）柳与志夫．文化情報資源と図書館経営：新たな政策論をめざして．勁草書房，2015, 363p.

43）中村保彦．中井正一と図書館のコミュニケーション．同志社大学図書館学年報，2008, no.34, p.11–33.

44）寺下由美子．「司書では食っていけない」って，誰が決めた：大学図書館で働く非正規雇用司書のパワハラ問題．みんなの図書館．2019, no.505, p.42–53.

45）電子政府の総合窓口 e-Gov http://elaws.e-gov.go.jp/search/elawsSearch/elaws_search/lsg0500/detail?lawId=325AC0000000118

脱稿後の追加情報

　家禰淳一の『デジタル・ネットワーク社会におけるコミュニティを支援する図書館経営』(博士論文) https://irdb.nii.ac.jp/01180/0002520082 でも、「商用データベースは、個人での契約は高価なため、せいぜい、日常読む新聞1紙と日本経済新聞のWeb契約による購読が、個人の一般的な範囲であろう」(p.64) と、リモートアクセス提供の必要性が示され、本の相互協力を電子資料まで拡大する方向への発展も想定できる。提供されるべきデータベースの選定とインストラクションは、今後の図書館サービスの課題となろう。同じく、「日本の公共図書館では、インターネット上の情報は、'図書館資料' ではないというおよそ誤った認識が通説のようになっている。等しく世の中に流れる情報は、図書館が取り扱うべきものであって、現物紙資料だから、ネット情報だからという差別化は、利用者には存在しない。したがって、オンラインデータベースを含む、インターネット上のデータベース情報も、図書館資料として、利用者に提供されるべきものであろう。」(p.64) という主張もあり、メディアの発展に図書館サービスが追いついていない状況への対応の必要性も強く認識されている。

第 1 章　補足

未来の図書館への新たな展開

　現在日本の公共図書館では、趣味・娯楽・教養に関する情報に関しては、すでに一定水準以上のサービスが提供されている。また、自治体のにぎわい創出や地域活性化への図書館の働きかけも、各地で行われているだろう。そこでこの章では「調査する住民」という視点から、その住民を主語にして「未来の図書館」を描いてみた。それは、図書館側が利用者のために提供するとか、設置者側が市民のための構想する、というものではない。私たち自身が、情報・教育・図書館の事情に多少詳しい立場から、自分たちを含めた住民ひとり一人の生活に資する図書館を実現するために、こんな図書館が欲しい、あるいはこんな出版社や書店、こんな情報環境が必要だという視点で考えてきた。

　図書館本来の役割と機能を再発見・周知し、住民に対して有効なサービスを実施し、住民目線の運営改善に努めることによって、今後の図書館の発展可能性を自治体全体にアピールできる。メディア、生涯教育、そして図書館とは何か。これまでに築いてきた図書館の有効性と信頼を活かして発展していくためには何が必要かを、住民、地域コミュニティ、設置主体の行政と共生する方向で考えようとしたのである。

図書館運営の改善

　予算の削減を嘆き訴えるだけでは、このご時世に取り上げられることはない。まず図書館の価値を前面に出し、新たな図書館像をつくりあげることが必要だ。住民と設置者と社会に求められ役に立つ、本来の基盤的機能をしっかり持ったうえで、未来にも持続する図書館を目指さなければならない。

そして多様化する社会の要請や、市民生活向上のための潜在的な種（シーズ）を見つけ、先取りする。それと同時に従来からの図書館機能を発展させ、紙の所蔵に限定されない蔵書構築と、情報アクセスへの保証としてのデータベースと地域資料のデジタル化、生涯学習における情報リテラシー獲得のための支援をしなければならない。またデータベースについては、常時利用するわけではないので、住民は高価な個人契約は躊躇する。だから、その存在と有効性の広報を含め、リテラシー支援として図書館が導入すべきなのである。

　図書館への利用要求把握の具体的な例として、こんなことがある。例えば利用者が図書館に「本がない」と思うのは、その人の探し方が悪いだけなのか、蔵書構築方針に合わないので所蔵していないのか、他の図書館からの借り出しが可能なのにそのサービス案内が利用者に届いていないのか、そのことは知っていても何らかの事情で使っていないだけなのか、理由はいろいろだろう。また、借りたくても予約人数が多くてすぐには回ってこない、仕方がないので自分で買ってしまうなど、利用者の行動もさまざまであるはずだ。ところが、図書館はそれらの要求の内容を詳細に理解していなかったり、情報利用活動を把握できていなかったりして、自らの蔵書やサービス運営に反映できていないのではないだろうか。

　もう一つ例をあげれば、学習場所としてなぜ図書館が好まれているのか、好まれる要素を満たしている施設が他にも設置されているのかなどを、質的調査で明らかにすることで、利用者住民・設置者自治体の理解や信頼を、従来とは異なったステージで醸成できる可能性がある。またその結果として、住民の情報活用に関しては、地域コミュニティで図書館という枠を超えたさまざまな展開が生まれるかもしれない。

　直営・委託・指定管理者など、さまざまな議論がある図書館の経営・運営形態に関して、とりあえずそれは、設置母体の議会や首長・財務所管部局などの経営層による決定事項として、官僚組織における有無を言わせぬ業務命

令的なものなのかもしれない。図書館自体は、与えられた管理・運営権限の範囲内で業務・予算執行を行うわけだろう。しかし「最小の経費で最大の効果」、「組織及び運営の合理化」、「規模の最適化」という自治体職員本来の目標から考えれば、必ずしも既定の枠組みにとらわれる必要はないはずだ。現状では実施している業務の評価は不十分のように思われる。未来に向けては、行政サービスを住民と共に考え、その実現に向けて管理・運営を評価し、それをフィードバックしていくことが望まれる。

　そしてまた既定の業務を、その枠内で前例主義的に漫然と継続することは、厳に戒めなければならない。「調査する住民」の求める情報環境の整備ということは、未来の図書館の役割として、図書館が設置者自治体に対して十分主張できるものだし、生涯学習や調査する住民の要望に応えることのできる組織の実現は、図書館にそれを用意することが最も効率的なはずである。

　自治体行政は往々に、住民に後ろ向きの姿を示す。そして住民は、余計なことを考えなくともある一定の給付を「公平に」受け取れる。行政職員は「決まったこと」を決められた職務の範囲内で行えば、業務は大過なく終了する。これは一見すると、行政と住民の Win-Win の関係かも知れないが、その幻影（イリュージョン）の中で、住民の不満はくすぶり続けるだろう。

　図書館運営の改善を、地方自治法にいう「最小の経費で最大の効果」を根拠にして、逆に経費削減を再認識させる形で展開できないだろうか。自己責任社会の到来で、住民の主体的な調査研究や生涯学習が、例えばヘルスリテラシーの実現という結果を生んで、行政サービスの経費軽減につながる可能性がある。しかしそのために図書館が役に立つはずだと認識されていないこと、それが本当の意味で図書館発展の大きな障害となっている。不要な経費の支出ということを言えば、例えば過去の市庁舎やハコモノの建設などで、大いに反省すべき点があるのではないだろうか。

調査する住民と生涯学習

　調査とは何かを改めて考えると、それは日常生活にも普通に存在する。家族や個人の欲望や希望を達成するために、家で行う仕事が家庭の経営である。社会の進歩と文化の向上で、欲望や希望は増大する。それらを満たすための物資の質・量は拡充し、社会サービスも高度化・多様化している。物資とサービスをうまく生活に取り入れ、能率的に活用するため、不断の努力と「学び」が必要になる。これらのことを「家政学(ホームエコノミクス、ドメスティックサイエンス)」まで広げて考えれば、衣食住・育児分野の研究もすべて、住民の調査研究の範疇に入ってくる。そのような可能性が、図書館や設置者自治体に理解されているだろうか。

　国の「第2期教育振興基本計画について(答申)」では、教育行政の4つの基本方針の第一に「社会を生き抜く力の養成」をあげ、義務教育から高等学校までの成果目標として「生きる力の確実な育成」、大学では「課題探求能力の修得」、それ以降の社会人では「自立・協働・創造に向けた力の修得」を生涯全体の成果目標としている。この全世代における教育成果目標には、学校図書館、公共図書館、大学図書館などすべての図書館が深く関わっていなければならないはずだ。

　現代は、誰も自分を守ってくれない自己責任社会であるとともに、生涯学習社会でもある。その生涯学習(家庭・学校・社会教育)は、「国民の一人一人が、自己啓発、自己実現等のため、人生のあらゆる時期、段階にわたって行う学習活動。学校教育・社会教育の場面だけでなく、文化、スポーツ、趣味等の広い分野において行われる」(『法律用語辞典 第5版』有斐閣 JapanKnowledge)とされている。自己責任社会においては、自分の行動の責任を自分で取ることが求められる。行動の結果を予測し、行動の影響への適切な対処を行うため、自身の決定行動に関わる情報と知識を得るための社会的な基盤として生涯学習がある。図書館の情報リテラシー支援の効果が、これからの生涯学習社会に広く還元されていくサイクルにも注目していきたい。

第1章　未来の図書館　39

　以上述べたように、今後の図書館の役割について、「全世代」と「広い分野」という視点から再認識・再構築し、未来の図書館サービスを展開すべきである。図書館活用の新たな展開においては、『図書館法』が、図書館とは「図書、記録その他必要な資料を収集し、整理し、保存して、一般公衆の利用に供し、その教養、調査研究、レクリエーション等に資することを目的とする施設」と規定している図書館の基本機能が根拠になり、これを活用しない手はない。「調査研究」は図書館法が本来予定していた、図書館の機能であり目的なのである。

　また「未来の図書館」には、世代と分野を包括するインテグレーションの役割が必要だ。目先の電子図書館や、地域振興だけにかまけている場合ではないのではないか。そしてそのためには、「設置者を異にする2館以上の図書館が、それぞれの図書館の機能を高め、利用者へのサービスを向上させるために図書館業務について行う公的な協力活動」(『図書館情報学用語辞典第5版』JapanKnowledge)である図書館協力のグレードアップと、図書館運営の改善が急務である。本章では、広い分野と全世代を対象範囲とした5つの提案を示した。その中でも図書館機能の周知、図書館の基本機能を活かした図書館協力、それらを実現するための図書館運営の改善、この3点を特に強調したい。そして図書館だけではなく、メディアや教育とは何なのかを、関係者(住民、自治体、図書館、関連業界など)と一緒に考え、最終的には生涯教育の目標でもある、地域コミュニティの充実と利用者住民の幸福(ウェルビーイング)の実現を、このプロジェクト全体で目指していきたい。

第2章 公立図書館におけるリモートアクセスでの商用データベース提供の展望

要旨

　本稿では、公立図書館を利用する住民が、商用データベース（以降、DBと記す）を、リモートアクセスによって利用できるサービス環境を目指すことを最終目標として、公立図書館におけるリモートアクセスでの商用DB提供を以下の4点から展望する。

1) 使命としてのリモートアクセス
2) DB提供の現状と課題
3) DB来館利用の現状と課題
4) DBリモートアクセスの現状と課題

　第1に、住民要求、メディア特性、図書館の役割から、リモートアクセスによるDB提供は図書館の使命であることを述べた。

　第2に、商用DB導入の先行研究と、都道府県立図書館の提供する商用DBの点数をWebサイトのDBリストからの調査により、商用DB提供の現状と課題をまとめた。都道府県立図書館が提供するDBの点数は、0-9点28館、10-19点10館、20-29点4館、30点以上1館、不明4館と、一部の館を除いて、提供点数の少ない館が多い。

　第3に、DB提供方式の変遷、DB利用の阻害要因、その分析、利用者へのヒアリング、この4つにより、来館利用の現状と課題をまとめた。DBへの利用要求はそれほど高くない。利用要求が高くない理由は、（a）日常生活でのDB利用頻度、（b）オープンアクセスの進展、（c）来館利用、この3つである。

　第4に、リモートアクセス導入の先行研究と、DBベンダーの3社（株）ネットアドバンス、（特非）医学中央雑誌刊行会、EBSCO Information Services Japan（株）へのヒアリングから、リモートアクセスの現状と課題を図解した。

最後に、公立図書館におけるリモートアクセスでの商用 DB 提供を展望した。現在の図書館運営と、DB ベンダーの方針、及び、住民ニーズでは、財政逼迫の強調と、経済効率を優先する自治体の行政サービス方針により、リモートアクセスの実現は困難である。住民の情報活用は地味ではあるが、にぎわいの場として行政にアピールし易い図書館活用と共に、車の両輪である。当事者意識も薄く、消極的な図書館運営を続ける図書館と自治体に、DB とリモートアクセスの有用性・必要性を、住民自身が継続的・積極的に働きかけることが必要である。

1.　はじめに

インターネットが暮らしや仕事に浸透した現在、個人専用の情報端末であるスマホなど、情報通信技術の活用は、生活の一部となっている。有料契約の商用データベース（以下、DB）を、公立図書館（以下、図書館）に来館することなく、自宅や外出先から利用できるリモートアクセスが、図書館のサービスとして期待されたのは、20年以上前に遡る、1990年代後半からである[1]-[4]。公立図書館では、利用者が来館しなければDBを利用することができない（音楽配信サービスのナクソス・ミュージック・ライブラリーや、貸出できる電子書籍は、リモートアクセス可能な数少ない例である）。一方、数年後に社会人となる学生が学ぶ大学図書館では、DBなどの電子資料のリモートアクセスは標準的サービスである。

図書館が、DBを契約・提供し、住民が、自宅や外出先など、何処からでも、いつでも、無料で利用できるリモートアクセスの提供は、図書館の使命としても、調査する住民の期待・要求からも、さらに、社会で生活する上での情報基盤としても、大いに必要なサービスである。従って、リモートアクセスへの期待と、個人が情報通信技術を活用している現状から、図書館のDBはリモートアクセスで提供されるべきである。

本稿では、図書館を利用する住民が、DBを、リモートアクセスによって利用できるサービス環境を目指すことを最終目標として、図書館におけるリモートアクセスでの商用DB提供について、プロジェクトでの議論と先行研究、及び、関係者へのヒアリングにより、「粗いスケッチ」であるが、以下の4点から展望する。

1）使命としてのリモートアクセス
2）DB提供の現状と課題
3）DB来館利用の現状と課題
4）DBリモートアクセスの現状と課題

2. 使命としてのリモートアクセス

　この章では、来館してのDB利用に加え、リモートアクセスによるDB提供の必要性について、3つの視点から指摘する。「住民要求」、「メディア特性」、「図書館の役割」から考えて、リモートアクセスによるDB提供は図書館としての使命である。

2.1 自宅からのDB利用

　国際図書館連盟（International Federation of Library Associations and Institutions）による『IFLA公共図書館サービスガイドライン』[5]では、「図書館は、市民が家庭や学校あるいは職場から、できるだけ多くの電子的な情報資源とサービスにアクセスできるようにするために、ICT（情報通信技術）を活用しなければならない。可能な限り、1日24時間、1週間7日、アクセスできるようにするべきである」（p.87）と、利用者のニーズに対応したリモートアクセスの提供が求められている。

2.2 電子資料のメディア特性

　本書の元になった論文「未来の図書館」[6]および本書第1章の「提案3）デジタル化に対応すること」では、「データベースなどの電子資料の備えている、場所と時間の制約を受けない特性を活かすことで、住民にとってのサービスや業務の高度化・効率化が実現できる」として、検索性とリモートアクセスを活かすことを指摘した。

　同じく、「提案1）図書館機能を周知すること」では、「新聞や辞書・事典のデータベースを、図書館に出向かなくても、最寄りの分館や、自宅から使えるリモートアクセスでの提供も技術的に可能であることを周知し、住民のニーズを喚起する」ことの必要性を指摘した。リモートアクセスの実現において、「できない理由を探すのではなく、障害をクリアする前向きな対応をすべき」と、ネットワーク情報資源として、DBのメディア特性を活用すべきと強調した。

2.3　公立図書館の役割

　ガイドラインや基準でも、現在の ICT 発展の状況と、各家庭・個人への
インターネット接続環境やスマートフォンの普及からも、リモートアクセス
は図書館の役割に含まれる。

　『IFLA 公共図書館サービスガイドライン』[7]では、「インターネットを通じ
てアクセスできる膨大な量の情報への利用者地域住民の諸要求に見合った
正確な情報資源に案内することがライブラリアンの主要な役割のひとつ」
(p.69)としている。

　『図書館の設置及び運営上の望ましい基準』[8]も同様に、「インターネット
等や商用 DB 等の活用にも留意しレファレンスサービスの充実・高度化に務
める」としている。「高度化」には、来館での DB 利用と共に、DB のリモー
トアクセスも含まれると解釈できる。

　『公立図書館の任務と目標解説』[9]でも、「図書館サービスが進展してきた
現在、図書館を通じて提供される資料は、図書館の所蔵する資料だけでは
なくなってきている。…オンラインによる外部の電子情報源へのアクセスな
どの新たなサービスを無料原則の適用範囲の外に置くことは妥当ではない」
(p.16–17)、「外部ネットワークの情報資源へ自由にアクセスできる環境の整
備」(p.41)としている。「自由にアクセス」には、来館しての利用に加えて、
自宅や出先からのリモートアクセスも含まれると解釈できる。

3.　商用 DB 提供の現状と課題

　『日本の図書館』では、「コンピュータの導入」の調査項目中に、パソコン
通信やインターネットによる有料 DB の利用の有無があったが、2009 年版
で最後となっている(p.219–271)[10]。機械化や DB 提供は一定レベルが達成
されたため、特に現状把握や課題検討も必要ないということなのだろう。

　都道府県立図書館や、規模の大きい自治体の図書館などでは、レファレン
ス資料としての DB の収集・契約・提供が充実していると考えられる。この
章では、先行研究と図書館 Web サイトの調査により、DB の来館利用の現状

と課題を概観する。

3.1　商用 DB 導入の先行研究

　DB 導入の報告[11),12)]はあるものの、公立図書館でのリモートアクセスの報告はない。これまでの図書館では、1 章で述べた、潜在要求、メディア特性、図書館の役割、この 3 つが全くといっていいほど考慮されてこなかった。それは何故なのか、現在の地域住民として、プロジェクトメンバー中の元図書館員にとって、特に、この点が大きな疑問となった。

　DB の導入には、図書館運営における大きな改革が必要である[13)]。大阪市では、10 年前に DB 導入・運用の際に、予算の捻出、DB サービス提供するベンダーとの交渉、図書館のサービス方針や DB 運用の改革がなされている[14)]。

・商用データベースの提供拡大を市の重点政策枠予算によって措置
・同時アクセス数と定額契約の各ベンダーとの交渉
・専用端末、事前申込、利用時間制限から、全館の多機能端末 104 台での自由利用

　日本図書館協会による、日経テレコン 21（日経四紙・企業情報など）、LexisNexis（法律・企業情報）の公立図書館への DB 仲介事業も実施されている[15)]。

　DB 導入の先行研究とセットになる、リモートアクセス導入の先行研究は、本稿の後半、5 節に示す。

3.2　商用 DB 提供の現状調査

　今回、個々の図書館でのタイトル単位での DB 提供数のばらつきを観察するため、2020 年度時点での都道府県立図書館の Web サイトの DB リスト（表1：都道府県立図書館 DB の URL リスト）から商用 DB の点数を調査した。複数館を設置している埼玉県、千葉県、東京都、神奈川県、大阪府は、1 館にまとめて DB の提供点数を数え、全体で 47 館とした。ほとんどの館で提供されている国立国会図書館デジタル化資料送信サービスと、歴史的音源配

信サービス、官報情報検索サービス、そして、有料でない CiNii は除いた。

　都道府県立図書館で、来館利用によって提供される商用 DB の点数は、0–9 点 28 館、10–19 点 10 館、20–29 点 4 館、30 点以上 1 館、不明 4 館（DB リストを Web サイトから探せなかった館）と、一部の館を除いて、DB 提供点数の少ない館が多い。

　提供されている商用 DB は、国立国会図書館（以降、NDL と記す）の調査（問 37, p.74）[16] と同様に、日経テレコン 21、聞蔵 II（朝日新聞）、ヨミダス歴史館（読売新聞）、毎索（毎日新聞）、JapanKnowledge（辞書・事典）、D1-Law.com（法律）、LexisNexis、JDream III（科学技術文献）、医中誌 Web（医学文献）、magazineplus（雑誌・論文）、Web OYA-bunko（大宅壮一文庫の雑誌記事）などである。

　新聞の DB では、縮刷版、マイクロ版で複数紙取り揃えていても、DB で複数の新聞を契約している図書館は少ない。資料収集として、紙媒体で所蔵していれば、新聞や辞書・事典などの DB が不要というわけではない。一定水準以上の DB によるサービス提供において、大きな課題であろう。

表 1　都道府県立図書館 DB の URL リスト

ISIL	都道府県	DB List
JP-1000031	北海道	http://www.library.pref.hokkaido.jp/web/guide/fvreli0000000tzj.html
JP-1000175	青森県	?
JP-1000211	岩手県	http://www.library.pref.iwate.jp/books/catalog/dennsisiryou.html#online
JP-1000257	宮城県	http://www.library.pref.miyagi.jp/search/database.html
JP-1000298	秋田県	https://www.apl.pref.akita.jp/intro/db-list
JP-1000347	山形県	https://www.lib.pref.yamagata.jp/?page_id=285
JP-1000380	福島県	https://www.library.fks.ed.jp/ippan/shiryoannai/database2.html
JP-1000440	茨城県	https://www.lib.pref.ibaraki.jp/guide/shiryou/database.html
JP-1000498	栃木県	http://www.lib.pref.tochigi.lg.jp/?page_id=341
JP-1000545	群馬県	https://www.library.pref.gunma.jp/index.php?page_id=600
JP-1000598	埼玉県	https://www.lib.pref.saitama.jp/guide/business/database.html
JP-1000752	千葉県	http://www.library.pref.chiba.lg.jp/search/database.html
JP-1000907	東京都	https://www.library.metro.tokyo.jp/search/service/online_database/index.html
JP-1001294	神奈川県	http://www.klnet.pref.kanagawa.jp/yokohama/materials/db_list.htm
JP-1001375	新潟県	https://www.pref-lib.niigata.niigata.jp/?page_id=537
JP-1001445	富山県	?
JP-1001501	石川県	https://www.library.pref.ishikawa.lg.jp/ref/db.html

JP-1001549	福井県	https://www.library-archives.pref.fukui.lg.jp/tosyo/category/sagasu/153.html
JP-1001585	山梨県	https://www.lib.pref.yamanashi.jp/info/database.pdf
JP-1001637	長野県	http://www.library.pref.nagano.jp/collection/database
JP-1001746	岐阜県	https://www.library.pref.gifu.lg.jp/find-books/database/
JP-1001816	静岡県	https://www.tosyokan.pref.shizuoka.jp/contents/institution/online_db.html
JP-1001910	愛知県	https://websv.aichi-pref-library.jp/database.html
JP-1002003	三重県	http://www.library.pref.mie.lg.jp/?page_id=47
JP-1002045	滋賀県	http://www.shiga-pref-library.jp/reference/online-db/
JP-1002094	京都府	https://www.library.pref.kyoto.jp/?page_id=1725
JP-1002160	大阪府	https://www.library.pref.osaka.jp/site/central/database.html
JP-1002299	兵庫県	http://www.library.pref.hyogo.lg.jp/sogo_annai/online_detabase.html
JP-1002394	奈良県	http://www.library.pref.nara.jp/databases
JP-1002425	和歌山県	http://www.lib.wakayama-c.ed.jp/honkan/sagasu/post-9.html
JP-1002454	鳥取県	http://www.library.pref.tottori.jp/search/post-10.html
JP-1002479	島根県	http://www.library.pref.shimane.lg.jp/?page_id=197
JP-1002513	岡山県	http://www.libnet.pref.okayama.jp/service/shizen/access/database.htm
JP-1002578	広島県	http://www2.hplibra.pref.hiroshima.jp/?page_id=1032
JP-1002662	山口県	http://library.pref.yamaguchi.lg.jp/how_to_database
JP-1002712	徳島県	https://library.tokushima-ec.ed.jp/librefdblist.php
JP-1002741	香川県	https://www.library.pref.kagawa.lg.jp/business/database
JP-1002771	愛媛県	http://www01.ufinity.jp/ehime/?page_id=98
JP-1002813	高知県	https://otepia.kochi.jp/library/holding05.html
JP-1002848	福岡県	https://www.lib.pref.fukuoka.jp/hp/tosho/databaseH28.pdf
JP-1002958	佐賀県	https://www.tosyo-saga.jp/?page_id=204
JP-1002987	長崎県	https://miraionlibrary.jp/consultation/database/
JP-1003024	熊本県	https://www2.library.pref.kumamoto.jp/index.php?page_id=419
JP-1003072	大分県	?
JP-1003104	宮崎県	?
JP-1003130	鹿児島県	http://www.library.pref.kagoshima.jp/honkan/?p=33312
JP-1003194	沖縄県	https://www.library.pref.okinawa.jp/guide/cat3/post-5.html

4. 商用 DB 来館利用の現状と課題

4.1 商用 DB 提供方式の変遷

　大学図書館における DB の提供方式は、冊子体、オンライン、CD-ROM、構内 LAN、インターネット、リモートアクセスと変遷した[17]。この変遷を（表 2：情報検索関連年表）に示す。

表 2　情報検索関連年表

形態	西暦	事項
	1964	MEDLARS（National Library of Medicine：NLM）サービス開始
	1972	DIALOG（ロッキード社）、ORBIT（SDC 社）、アメリカで商用オンライン検索サービス開始
	1975	TOOL-IR（東京大学大型計算機センター）時分割オンライン検索サービス開始、研究者向けの公衆回線サービス、わが国初の実用規模のオンライン情報検索サービス
	1976	JOIS（日本科学技術情報センター：JICST）オンライン検索サービス開始
	1978	JOIS（JICST）公衆回線によるサービス開始
	1979	NEC PC8001 発売
	1979	漢字オンライン検索サービス JOIS-K（JICST）開始
	1979	丸善 DIALOG オンライン検索サービス開始
	1980	紀伊國屋書店 DIALOG オンライン検索サービス開始
	1980	ICAS（KDD 国際公衆回線サービス）サービス開始
	1982	NEC PC9801 発売
	1983	医中誌 電算処理編集開始、年間累積版発行開始
	1986	通信ソフト（G-POT、DCOM、PCOM、まいとーく）の普及、ログイン（接続）、検索、結果出力、ログオフなどの一連の処理を自動で行う「オートパイロット」機能を備える。公衆回線によるアクセスポイントの整備は 1985.4 の第 2 種パケット交換サービス（DDX-TP）として全国 21 カ所でサービス開始
	1986	NACSIS-IR（学術情報センター）オンライン検索サービス開始
	1986	医中誌データの JST（科学技術振興機構、旧 JICST）への提供開始
CD-ROM	1980 年代後半	
	1986	DIALOG CD-ROM データベースサービス開始
	1988	Ovid 社 MEDLINE CD-ROM サービス開始
	1991	SilverPlatter 社 MEDLINE CD-ROM ネットワークサービス開始（国内で最も普及）
	1992	医中誌 CD-ROM サービス開始、シソーラスによるエンドユーザ向けの検索支援システム
	1993	日本語版 Windows 3.1 発売
	1993	Ovid 社 MEDLINE Unix ベースの構内 LAN ネットワークサービス開始
	1996	医中誌 科目別抄録誌からキーワード配列の索引誌に、抄録は CD-ROM に掲載
Internet	1990 年代後半	
	1996	JOIS インターネット接続サービス開始
	1997	PubMed 開始
	2000	医中誌 Web サービス開始
	2002	医中誌 JST でのサービス終了
	2002	NDL-OPAC の公開による雑誌記事索引（540 万件）の公開
	2002	医中誌 冊子体終了
	2005	NACSIS-IR サービス終了（2005.4 より GeNii で提供）

70 年代後半、冊子体から電話回線によるオンラインへの変化では、検索性能が向上した。80 年代後半、オンラインから CD-ROM への変化では、通信料金と出力件数に応じた従量課金制から、利用時間や出力件数の制限のない固定料金制となった。固定料金制は、図書館員やサーチャーによる代行検索から、利用者自身のセルフ検索へと、図書館サービスの転換をもたらした。さらに、90 年代には、1 台の PC に DB の CD-ROM を搭載するスタンドアローン方式から、構内 LAN 経由で、図書館等に設置した DB サーバーに、複数人数の同時アクセス可能なネットワーク方式となった。この変更では、図書館まで足を運んでの来館型の検索から、図書館の開館時間外でも、学内の研究室に居ながらの検索が可能になった。

90 年代後半から 2000 年代には、インターネットによる Web サービスにより、現在の自宅からのリモートアクセス検索も可能になった。検索性能向上、セルフ検索、ネットワーク経由での検索と、DB 提供方式は大きく変化し、変化の流れに対応することにより、図書館における情報検索業務の再構築が促された。結果的に、大学図書館では、情報検索、ICT、インターネット、電子資料、図書館経営の変化など、情報検索の DB 提供周辺のスキルが組織内に蓄積され、リモートアクセスによる DB 提供も定着した。

4.2　商用 DB 利用の阻害要因

従来の図書館サービスの延長として、住民や図書館利用者、特に調査する住民に対して DB の提供は必要なものである。1 章の通り、各種の基準・ガイドラインにも記述され、一種、自明なこととされている。しかし、現状ではそれが市民に十分利用されているとはいえない[18), 19)]。

その根本的な理由として、以下の 5 点を指摘したい。

（1）図書館利用者である市民・住民に、DB の存在が周知されていない。
（2）DB 利用のためのノウハウが十分得られていない。
　（a）機器操作・DB の検索方法などの利用教育が不十分
　（b）DB の内容に関する情報(冊子体情報との違いなど)の説明が不十分

（3）DB の内容が市民・住民のニーズにそぐわない。また、作成される DB の種類が十分でなく、DB の選択肢がない。

（4）身近な図書館に DB が導入されていない。

　　(a) 図書館（自治体）の予算が不足している。

　　(b) 図書館職員自体が導入に積極的でない。

（5）DB に対する市民・住民の要求が高くない。

　上記の阻害要因（1）から（5）のうち、（1）と（2）については、DB の存在と有用性を知らなければ、DB を使わない[20] ということであり、この点は、DB を導入している図書館の利用促進によって解決が可能なはずである。（3）については DB 提供側の対応を要求し、DB の性能向上に図書館も協力すべきである。

　（4）について、都道府県立図書館で提供される DB の種類数が少ない点は、「3.2 商用 DB 提供の現状調査」で指摘したが、DB 提供数が充実されなければ、利用も望めない。（4）の(a) については、図書館の資料費全体の問題か、DB に対する予算が明確化されていない問題かを吟味したうえで、時代に即した予算内容をステークホルダー全体に訴えていく必要がある。

　（4）の(b)については、図書館サービスの形態が直営か委託・指定管理か、正規職員が図書館専門職か否か、またその職員の構成比などによって様々な状況がありうるだろう。予算の不足と職員の意識が、DB の導入に関わる大きな要因である。しかし、「3.1 商用 DB 導入の先行研究」の大阪市の例にあるように、館内の予算配分を変える運営や、自治体の特別予算を要求するなど、職員の意識によっては、実現可能と考えたい。

　図書館員の意識もさることながら、最も大きな問題は、（5）の DB に対する住民のニーズの有無である。もしそのようなニーズが無いならば、そもそも、この問題を検討する必要が無いことになる。ただ、「都立図書館におけるオンラインデータベース利用時間が、平成 20 年から 21 年にかけて飛躍的に伸びている」と、ニーズの存在を示す調査もある[21]。

　本プロジェクトで、当初から一貫して議論しているのは、「調査する住民」

の情報要求に図書館はどのように応えられるかという点である。情報要求への対応には、「調査（研究）する住民（市民）」とはどのような人で、また、DBをどのように利用するかという点である。一方で、図書館の設置者は、高コストなレファレンスサービスや、従来の図書館サービスの一つとして新たに出現した DB 提供には興味がないのかもしれない。DB 利用者については、次の 4.3 節で論じる。設置者については、今後の調査課題としたい。

4.3　商用 DB 利用の阻害要因の分析

　本項では、最初に、DB 利用の具体例として、限定的ではあるものの、プロジェクトメンバーを含んだ 5 名へのヒアリングを実施し、その結果を、（表 3：商用 DB 利用者ヒアリング）に示した。DB の利用者について、情報探索や DB 利用のスタイルは、DB を使わない者もいて多様である。利用者へのヒアリングと一対になる、商用 DB 提供者へのヒアリングの結果は、本稿の後半、5 節の（表 4：商用 DB 提供者ヒアリング）として示す。

　利用者ヒアリングの結果を元に、プロジェクト内で議論し、住民の DB 利用要求がそれほど高くない点で一致した。以下に、利用要求が高くない理由として、a）日常生活での商用 DB 利用頻度、b）オープンアクセスの進展、c）来館利用、この 3 つにまとめた。

a）日常生活での商用 DB 利用頻度

　住民の日常生活における情報探索では、Google や Wikipedia の検索で事足りているのではないか。一方で、サーチエンジンで利用可能な情報は玉石混交であり、得られた情報の評価が重要であるということも引き続き主張されている。その意味では、Google などで得られる多くの情報を、何らかの形でスクリーニングすることが、依然として必要となっている。その点、図書館で検索可能な DB の情報は、出所の不明なネットの情報よりも信頼性がある点は否定されないだろう。

b）オープンアクセスの進展

　学術論文などが無償で提供されるオープンアクセスの進展で、商用（有料）DB の必要性が低下しているのではないか。近年のデジタルアーカイブの進

展により、各種のテキスト・画像・映像などの情報が、誰でも自由に利用できるようになった。また、研究機関の論文などの研究成果を蓄積・公開する機関リポジトリや、研究データ提供の流れも進んできている。これらの点か

表 3　商用 DB 利用者ヒアリング

（ヒアリング 1）
図書館情報学の在野研究者：利用する
「家族の病気治療について、DB とインターネット情報を調べた。日本の医学文献情報 DB である医中誌 Web から、担当医の執筆論文の内容と所属によって、勤務病院の変遷を調べ、さらに、病院 Web サイトでの医師紹介などから人物の印象を評価する。系列病院を移っているので、手術後の検査、再発への対応も同じ担当医と付き合えるだろうと判断する。診療ガイドラインがインターネット情報資源として公開されているので、病気の概要と治療法を確認し、担当医の説明と齟齬のないことを確認する。診療ガイドラインの最新版は市販資料なので、インターネットでみることができなかった。自分で買うか、幸運にも図書館が所蔵していれば、簡単に利用できる。図書館は、入手不可能な図書、専門分野と離れて部分的に参照したい図書のために必要不可欠な機関として有効である。」

（ヒアリング 2）
16 世紀のロカルノ地方（スイス）の宗教改革の研究者：利用せず
「研究員として大学に籍があり、研究費も二十数万円、調査は現地で行い、現地では研究者本人には便宜を図ってくれることもある。CiNii Articles、Google Scholar、学術機関リポジトリデータベース（IRDB）があれば、図書館が不要かというとそうでもないのは、

個人で調査・研究環境を構築が困難な住民がいるからである。環境構築支援こそ、「価値を創造する図書館」、「魅せる図書館」の役割であろう。」

（ヒアリング 3）
大手情報関係会社の社員：利用せず、研修担当の時に人物 DB を法人 ID/PW で利用
「図書館関連の事業部門担当の際には、面識のある図書館員の論文や Web サイトなどから、調査をすすめる。J-STAGE から雑誌論文の入手も。各部署では、業務に有用なリンク集をつくっている。」

（ヒアリング 4）
大手書店・企画系部署で仕事として学びの場づくりなど：利用せず
「人的資源活用、人を介した Evidence、自主的な学びと自分設定のハードル。図書館や書店のレゾンデートル（存在価値≠生き残り）のキーワードは「（自主的な）学び」と場づくり。場づくりのフィージビリティスタディをしている場面では、図書館や DB を使うことは全くない。場をつくり、学びの支援で価値が生まれる。早く確かなのは人のネットワーク。図書館と本も有用なツールである。」

（ヒアリング 5）
主婦：利用せず
「家族に代行検索を依頼すれば、即答してくれる。」

ら、あえて図書館に来館して、DB を利用する必要が無くなったようにも見える。オープンアクセスの流れは、主として学術研究の分野から始まったものだが、オープンアクセスは、調査する住民にも、大きな利便性を提供した。

「国立国会図書館デジタルコレクション」[22]では、明治期から昭和前期までのデジタル化された所蔵資料の多くが提供されて大変便利になっている。その提供方式は 3 種類で、本稿が扱う DB 提供方式をイメージできる。

（1）リモートアクセス型のインターネット公開資料

（2）「図書館向けデジタル化資料送信サービス」を提供している最寄りの図書館に来館して利用する、来館型の図書館送信対象資料

（3）国立国会図書館に来館して利用する国立国会図書館内提供資料

※(2)は、2022 年 5 月から、登録利用者については「個人向けデジタル化資料送信サービス」(「個人送信」)も開始されている。

以上、オープンアクセスの進展は、調査する住民にとって大きな福音ではあるが、現実には、まだ図書館の DB 等との併用が必要であると思われる。

c）来館利用

図書館に行かなければ利用できないことが、DB 利用の障壁となっているのではないか。図書館所蔵資料の電子化が進み、デジタルで作成された情報が、自由に利用できるようになれば、かつては壁のない図書館、いわゆる電子図書館が実現するといわれていた。学術研究の分野では、電子ジャーナルや電子化された研究データの利用が一般的となり、ある意味で、電子図書館が実現しているとみることもできる。しかし、日本の公立図書館の現状を考えると、いまだ紙の資料中心のサービスを行っており、DB の導入や利用促進もまだ十分に行われてはいない。この大きな原因として、以下の 3 点が考えられる。

（1）図書館に行かなければ DB を利用できない

（2）図書館の DB 利用環境(PC の台数、利用時間制限など)が十分でない

（3）検索結果のダウンロード、プリントアウトなどの制約が非常に多い

　これらはすべて、DB 契約上の問題と、図書館運営の問題である。契約上の問題を解決するには、図書館が十分な電子資料予算を組むことや、電子ジャーナルや DB を複数の館で共同契約するコンソーシアムなどで、情報を共有して有利な契約条件の実現などが必要となるだろう。公立図書館への DB の導入ならびにリモートアクセスの実現という利便性向上には、相応のコストがかかるが、明るい展開もはじまっている。鳥取県と長野県では、DB の広域共同調達・利用が実現している[23),24)]。

　また、大学等に所属する学生や学術研究者が利用できる環境を、公立図書館の利用者にも提供されるべきである。リモートアクセス環境を経験した大学生が社会人となれば、大学と同様のリモートアクセス環境を、公立図書館に求めて、リモートアクセス要求は急速に顕在化・拡大するだろう。この対応は急務であるが、図書館の対応は消極的すぎる。

　経費調達と利用要求の 2 つが、問題として大きい。本プロジェクトでは、それらの問題を、継続的に関係者と協力して検討し、その過程で、DB のリモートアクセスを実現する方策を見つけたいと考えている。

　さらに付け加えるならば、わが国でも、菅谷明子『未来をつくる図書館』で紹介されて以来 NYPL（ニューヨークパブリックライブラリー）の活動が注目されているが、そこでは電子図書、電子資料の提供が進む中で、多くの商用 DB も提供されている。それは、NYPL が「研究図書館」としての機能・側面を持っているからでもある[25)]。経費、要求と共に、図書館の役割の再構築こそが、最重要課題なのである。

5.　商用 DB リモートアクセスの現状と課題

5.1　リモートアクセス導入の先行研究

　リモートアクセスの導入については、大学図書館の報告[26)]がある。以下の 5 点で、図書館の館種を超えて大いに参考になる。

（a）　ユーザのリモートアクセスへの需要

（b）　VPN（Virtual Private Network：インターネット経由で仮想的に組織内ネットワークに接続する技術で、自宅や外出先から職場のネットワークを経由して組織内でしか使えない DB を利用できる）によるリモートアクセスサービスの実装

（c）　組織全体のネットワークや認証との調整

（d）　コンテンツ提供元とのライセンス許諾

（e）　リモートアクセスできるユーザの範囲

　（a）の需要は、どれだけ一般的か、一部のヘビーユーザだけか、一般ユーザにとって「あれば便利（nice-to-have）」なだけなのか、「なくてはならない（must-have）」サービスなのか。このような判別のつかない壁をどう乗り越えたのか。（d）の提供元の許諾は、「いつでもどこでも利用できるという電子資源の利点を最大限に発揮するために、利用する人を正しく認証するシステムを使ってより多く使ってもらおうという海外版元と、リモートアクセスを許可した場合に無限に利用数が増えるのではないかという危惧のある国内版元の認識の違いがある」と指摘している。（e）のユーザ範囲については、「グレー身分」として「非専任」、「非常勤」のオフキャンパス利用における厳しい制約を指摘している。この点は、リモートアクセス対象とする住民の範囲を決める際の参考となる。

　海外における DB のリモートアクセスの事例も紹介されている。従来のサービスでは利用者が図書館に来なくなるという危機感から、図書館の経営戦略として遠隔者へのサービス拡充として、DB へのリモートアクセスサービスを挙げている[27]。また、費用や運営面など、初期段階でのリモートアクセスの導入の困難さも指摘されている[28]。

　公立図書館でも、複数のデータベースサービスを統合的に検索できるディスカバリーサービス[29]によって、DB 提供方式を改善するための調査がなされている[30]。公立図書館でもディスカバリーサービスの導入が検討され、その中でリモートアクセスの実証実験もなされた[31]。ディスカバリーサー

第 2 章　公立図書館におけるリモートアクセスでの商用データベース提供の展望　57

ビスは導入されたものの、リモートアクセスは実現していない。

5.2　DB 提供者ヒアリング

　DB ベンダーである（株）ネットアドバンス[32)]、（特非）医学中央雑誌刊行会[33)]、EBSCO Information Services Japan（株）[34)] の 3 社に対して、図書館へのDB リモートアクセス提供に関連して、幅広いテーマで、プロジェクトメンバーによるヒアリングを行った。DB 提供の関係者全体を話題にして、DBや図書館に対する DB ベンダーとしての考え方について、3 社の担当者と、率直に意見交換した。インターネット時代前後から、図書館営業に関わっている方たちより、DB の導入・提供・運用における様々な課題を洗い出し、（表4：商用 DB 提供者ヒアリング）に結果を示した。

　図書館の DB 提供について、懸案事項は多かった。解決策や提供モデルについては、20 年以上にわたって懸案事項であり続けた課題であり、解決策を見出すことはできなかった。今後の検討課題として、懸案事項を羅列するに留まってしまった。内容を要約した具体例を示したので、DB 提供を考える際の参考としていただきたい。

表 4　商用 DB 提供者ヒアリング

(a) リモートアクセス

・図書館にとっては、リモートアクセスの契約内容と金額の未検討や、業務範囲の未定義がある。前例がない事業は、検討することさえ難しい。たとえ、ローカルアクセスの実施を検討できても、住民数に応じて求められる契約金額の捻出が困難な点や、場合によっては、ユーザ数を絞込むことへの躊躇がある。公平なサービスや、無料のサービスとの調整も困難である。

・ベンダーとデータベースサービス機関にとっては、個人契約が減ることが大きな懸念である。

・住民には、DB の必要性の未認識があり、図書館の設置者には、DB 提供などには興味がない、ということもある。

・DB の導入やリモートアクセスには、図書館経費の増額がない限り無理で、資料費や図書館経費の再配分が必要である。

・商用 DB リモートアクセスのモデルプランがない。

・日本語の DB が少ないのか、「ググる」で十分なのか、ニーズが希薄なのか、それともニーズは存在しないのか。DB 利用も、リモートアクセスも、図書館や調査する住民が期待するほど利用や需要がないのではないか。オープンアクセスと個人契約、国立国会図書館や都立中央図書館への来館利

用、それでいいのではないか。
- 公共図書館の DB 契約価格の一例として、大学では FTE 換算（Full-Time Equivalent：常勤換算：組織の規模や業務に従事するスタッフの数で、在籍する学生・教職員数などを実態で捉える）がなされる。公立図書館では、海外の DB のリモートアクセスの例ではサービス対象としている地域の人口によって価格が設定されることもあるらしい。
- 研究集会での住民にとってのリモートアクセスの必要性について、図書館員のアンケート回答者 17 名（図書館員 12 名、一般住民 2 名、その他・無回答 1 名）のうち、12 名の図書館員の 9 名がリモートアクセスは必要、2 名は不要、1 名はその他と回答し、「使えれば便利だが、リモートアクセスにはこだわらない」と回答。9 名が職場で契約している DB を利用している。
- 以上から、公立図書館が商用 DB のリモートアクセスを提供して、自宅や勤務先・出先から商用 DB 利用は、やはり無理である。中央館と分館・分室の一括提供により、住民は最寄り館に出かけてアクセスする地域館への来館利用が現実的なのではないか。IP 認証や ID・パスワード認証なら、中央館の契約した同時アクセス数の範囲で本館・分館・分室での来館利用ができる。

(b) DB 提供
- 年に数回しか利用しない資料を収集・提供することも図書館の使命であるはずなのではないか。
- 図書館から、ILL での DB の検索結果のコピー送信を求められるが、契約上無理なことを図書館側に理解してもらうことが多い。
- 図書館から、PubMed のような無料化を求められるが、DB 作成経費はかかっているので経営的に無理がある。

(c) 図書館運営
- ディスカバリーサービスは大学生の初学者向けである。大学生は、授業での課題とレポートはテーマ設定がすでになされているので、公立図書館には馴染まないのではないか。多数の DB を導入してこそ有効。課題発見する住民、調査する住民は少なからず存在するが、図書館にはレファレンスなどを期待していない者も多い。
- 地方新聞や新聞チラシなどの地域資料を電子化し、地域資料デジタル DB として公開・発信することも、地域の図書館の重要な役割と認識して実現してもらいたい。
- 関係部署の利用をとりまとめることが図書館の役割としてあるのでは。教育委員会と学校への導入をまとめ、市立病院や介護・福祉・高齢者施設、役所の医療部局への DB 導入をとりまとめる。開業医での利用のとりまとめも考え得る。しかし、図書館では、働きかける担当部署・窓口を把握していないことが多く、他部署との協力関係が弱い。さらに、とりまとめは図書館の担当業務の範囲かどうかも難しい。
- メンバーが図書館協議会委員をしている自治体で、導入に向けた働きかけをしたい。新規事業としての予算申請を継続的に行うことが肝心。高額予算の事業申請は、予算獲得以前の問題として、図書館の新規事業のアピール、図書館のやる気・熱意を伝えることができる。3 年程度で交代する館長・管理職では、新企画の実現には期間が短く困難。短期間でのローテーションも、人材が交代して良い面もある。

5.3 「DB 金脈は固い！」

　住民や利用者、特に調査する住民にとって「DB 金脈は固い！」。その様子を、図書館サービスについての広範な議論と、関係者との意見交換も取り込んで、1 枚の絵で図解した（図：DB 金脈は固い！）。「公立図書館におけるリモートアクセスでの商用 DB 提供の展望」を一目で把握できるポンチ絵である。メンバーの『がんばれシショくん！』[35] の著者「ま.」さんによる図解である。

　図解のきっかけは、公立図書館における地域資料の重要性に話題が及んだ時である。新聞の折り込みチラシは地域のスナップショットである。コミュニティペーパー、古い地図、住民の撮った写真など、消えてゆく情報の保存・提供こそ、その地域の図書館にしかできない事業である。現物保存は物

表 5 「DB 金脈は固い！」の内容解説

　図書館から借りた本は、いつでも自分だけの空間でじっくり読めるのに、DB の、いつでも、どこでも利用できるメディア特性は、活かしきれていません。リモートアクセスができないからです。本論における一番の主張である点を、ポンチ絵にして、住民にも、図書館員にも、設置者にも、一目でわかるようにしています。

・デジタル化 DB 層には、コミュニティ情報、地域情報、貴重資料、映像・写真、絵画・地図、プランゲ資料、新聞・雑誌記事、学術論文、脚本、産業経済情報、国際情報、公文書、医療情報が埋もれています。

・DB 層表面の左側で、住民は、「本当に欲しい情報あるの？」と話し合いながら、本や DB を提供する「公立図書館」と、「高度情報化システムへ！」を掲げる「国立国会図書館」の、「来館してくださーい！」の呼びかけに群がり、押し寄せます。図書

館の中にいる図書館員の額からは冷や汗が流れています。

・DB 層表面の真ん中で、「DB 会社」(DB 作成機関、DB サービス機関、DB 提供者、BD ベンダー) は、「会員募集中」垂れ幕をビルから下げています。社員は、「図書館も買ってよ」と屋上から呼びかけ、くたびれて横になったまま「売れねぇな」とぼやいています。図書館と DB 会社の 2 者は、DB 層と縦穴で繋がっています。

・DB 層表面の右端で、自宅 PC に表示される「アクセスできません」の住民の訴えに応えるべく、本プロジェクトは、DB 層に向けたリモートアクセスの工事をしています。しかし、1 本のツルハシでは「届かないよー」と、むなしく跳ね返され、反響音が返ってくるばかりです。「公開して下さーい！」と、悲痛な叫び声をあげ、それでも、汗を流してツルハシをふるい続けます。「DB 金脈は固い！」。

60

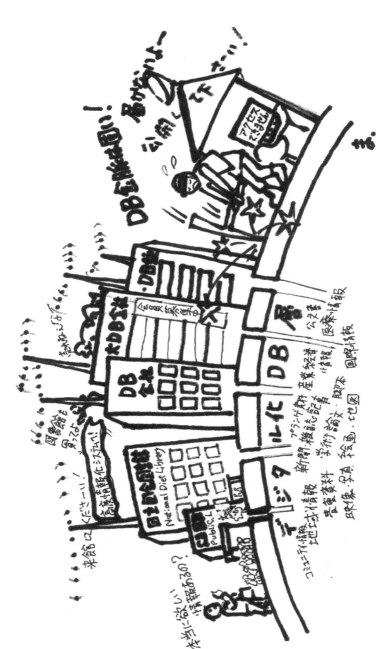

図 DB金脈は回い！

理的に大変であるが、情報技術の発達した現代では、デジタル化による保存から情報発信までが、図書館でも可能な業務になっている。さらに、地域関連の調査に際しては、地域資料と共に、全国紙もDBで自宅から閲覧できるべきと、メンバー間では一致した。そこから、公立図書館が提供していないリモートアクセスに着目することになった。

「図：DB金脈は固い！」の概要は、以下の通り。（表5：「DB金脈は固い！」の内容解説）に詳細を示した。

(a) 図の左側：利用者は図書館に押し寄せ、タラ〜リと冷や汗をかく図書館員
(b) 図の中間：どこ吹く風と、形ばかりの営業と傍観を決め込むDBベンダー
(c) 図の右側：懸命に自分一人でDIY工事をしている利用者

6. リモートアクセスでの商用DB提供の展望

調査のために情報探索する場合、資料や情報の範囲は、本、雑誌、新聞、電子ジャーナル、電子書籍、インターネット情報資源、SNS、勉強会、仕事と個人の交友関係・人的ネットワークなど、あらゆる範囲に及ぶ。入手経路は、購入（リアル書店、Amazon、日本の古本屋など）、図書館からの貸出、インターネット、SNS、電子メール、商用DBなどである。スマホ所持の住民では、「ググる」による情報探索活動は、深さ、質、効率などで問題がないとは言えないものの、情報探索活動は日常化している。商用DBは、多様な情報資源の中でも有用なツールの一つである。図書館によるリモートアクセスが実現すれば、調査する住民にとって、来館利用よりも圧倒的に使いやすくなる。リモートアクセスは、利用者の時間を節約し、情報探索の質を向上する。

リモートアクセスではないものの、医療関係者、学生、図書館員など、DB利用者の限定的な属性による利用調査はなされている[36)-39)]。実際の住

民にとっての DB はどのようなものか、本稿のリモートアクセス調査のため、JapanKnowledge [40]、G-Search [41]、医中誌 Web [42] の 3 つの DB を個人契約してみた。3 つの契約金額の合計は 1 カ月 5,000 円以下（G-Search の出力件数による従量課金は除く）で、スマホに支払う金額程度である。複数の新聞 DB を契約するのは、さすがに負担が大きい。新聞の DB は、購読している全国紙の付加サービスであるオンライン版を使っている。過去に遡った検索には不十分であるが、数日間の紙面は紙面イメージで閲覧可能で、簡単な検索もできて便利である。しかし、この種の付加的サービスは、数年を経ずに有料化されるのだろう。個人利用では、利用頻度も少なく、個人レベルでの複数の DB 契約は維持できない。リモートアクセスと DB 充実は、図書館の重要な役割であり、住民としての図書館への期待は大きい。

　そこで、図書館の出番となる。図書館蔵書に関しては、利用頻度の少ない本が相当数存在し、高価格で利用頻度の少ない DB も所蔵されている。経費の効率的運用による蔵書構築や、図書館の役割や、役割分担そのものを、自治体の医療・介護・福祉・教育などの住民サービス全体と、住民生活の中で再構築する時期に来ているのだろう。リモートアクセス導入には、図書館組織・運営の再構築が強く求められる。

　今回は、リモートアクセスにおける利用者認証やセキュリティ [43] には触れなかった。図書館が自治体によって設置され、全住民への公平なサービスが大前提で、自治体のネットワークと密接につながっている以上、リモートアクセス提供における役所内調整や技術的課題は、もっとも大きなハードルとして残されている。

　本稿では、公立図書館におけるリモートアクセスでの商用 DB 提供を展望した。結果として、現在の図書館運営と、DB ベンダーの方針、及び、住民ニーズでは、財政逼迫の強調と、経済効率を優先する自治体の行政サービス方針に対して、リモートアクセスの実現は困難である。分館や地域館での来館利用が現実的だが、自宅からのアクセスの利便性には及ばない。

　リモートアクセスを使いたい住民自身が、図書館、DB ベンダー、自治体に対し、高価な商用 DB は、未病の改善などの住民自身の生活向上におい

て、長期的・全体的に見れば費用対効果が優れているという点のアピールに、自ら取り組まなければならない。住民の情報活用は地味ではあるが、にぎわいの場として行政にアピールし易い図書館活用と共に、車の両輪である。当事者意識も薄く、消極的な図書館運営を続ける、図書館と自治体に、DB とリモートアクセスの有用性・必要性を、住民自身が継続的・積極的に働きかけることである。これこそが唯一の展望である。

　図書館への実装が困難であるだけに、実装に向けて、図書館関係者全員が笑顔になる「図書館笑顔プロジェクト」が、住民目線で今後も取り組むべき課題である。最終的には、「図書館の有用性とは何なのか」という、根本的な問いに立ち返ってしまう。地方財政が逼迫している今だからこそ、公立図書館と調査する住民にとって、協働して諸々を再構築する貴重なチャンスなのである。

参考文献

（文献中の URL は 2020 年 4 月 10 日に確認した）

1)　菅谷明子. 進化するニューヨーク公共図書館〈ルポ〉. 中央公論. 1999, 114（8）, p.270–281.「眠れる人材を支援し、それを社会に還元するシステム―「知的インフラ」としての図書館―を今こそ見直すべきではないだろうか」(p.281) と結んでいる。

2)　菅谷明子. 未来をつくる図書館：ニューヨークからの報告. 2003, 岩波書店, 230p.（岩波新書；新赤版 837）　新聞・雑誌の記事を、過去数十年にさかのぼって、検索・閲覧するのに役立つデータベースを公共財と表現して、「当初は CD-ROM での提供が主であったが、1997 年には全米の公共図書館に先駆けて Web 経由での利用が可能になり、自宅や出張先などどこからでも、いつでも利用できる。2002 年には、全資料費の約 1 割が DB の購読に費やされ、200 社のデータベース会社と 400 万人が利用可能となっている」(p.191) と述べている。20 年後の現在でも、我が国における状況はその入り口にも達していない。

3)　岡部一明. 情報化時代に市民アクセスを保証する図書館：カリフォルニア大学図書館、サンフランシスコ市立中央図書館. 情報の科学と技術. 1997, 47（3）, p.136–143. https://www.jstage.jst.go.jp/article/jkg/47/3/47_KJ00002959517/_pdf/-char/ja 「アメリカの図書館は市民の電子アクセスを保証する役割を果たしている。サンフランシスコ中央図書館は、インターネット端末を 300 台提供し、自宅からのデータベースアクセスも可能だ」(p.136) と、20 年以上前のリモートアクセス可能

な状況が了解できる。

4) 岡部一明. アメリカの電子図書館とE-BOOK市場. 2019, デザインエッグ社, 2019.7, 72p. 「20年前にはじまり、当時すでに現在とほぼ同レベルになっていた動きだ。現在は、図書館を通じたe-bookや映画などの映像ストリーミングの提供がホットな話題で、雑誌・新聞記事の商業データベース提供は古い」（p.15）と、DB導入が過去に達成されていることが了解できる。大学図書館の市民公開も紹介されている。

5) クリスティー・クーンツ；バーバラ・グビン編；竹内ひとみ［ほか］訳. IFLA公共図書館サービスガイドライン第2版：理想の公共図書館サービスのために. 2016, 日本図書館協会，210p. 「3 図書館利用者の情報ニーズを満足させること」、「3.8 電子ネットワーク」、「3.8.2 リモートアクセス」より

6) 図書館笑顔プロジェクト. 未来の図書館：調査する住民の立場から. 図書館評論. 2019, no.60, p.54–75. http://toyohiro.org/hasegawa/TheFutureLibrary.pdf

7) クリスティー・クーンツ；バーバラ・グビン編；竹内ひとみ［ほか］訳. IFLA公共図書館サービスガイドライン第2版：理想の公共図書館サービスのために. 2016, 日本図書館協会，210p. 「3 図書館利用者の情報ニーズを満足させること」、「3.4 利用者地域住民に対する図書館サービス」、「3.4.7 各種情報サービス」より

8) 図書館の設置及び運営上の望ましい基準（平成24年12月19日文部科学省告示第172号）https://www.mext.go.jp/a_menu/01_l/08052911/1282451.htm 「第二 公立図書館」、「一 市町村立図書館」、「3 図書館サービス」、「（二）情報サービス」より

9) 公立図書館の任務と目標解説 改訂増補版. 2009, 日本図書館協会，107p.

10) 日本図書館協会図書館調査事業委員会編. 日本の図書館：統計と名簿. 2009, 日本図書館協会，598p.

11) 藤間真；志保田務；西岡清統. 公共図書館における有料データベースの導入について. 図書館界. 2007, 59（2），p.132–136. https://doi.org/10.20628/toshokankai.59.2_132

12) 青野正太；余野桃. 都立中央図書館における利用者サポートの実践. 情報の科学と技術. 2011, 61（12），p.495–500. https://doi.org/10.18919/jkg.61.12_495

13) 今、図書館がやるべきこと！：平成21年度共同研究「図書館運営のあり方研究会」報告書. 2010, 財団法人 大阪府市町村振興協会おおさか市町村職員研修研究センター，213p. http://www.masse.or.jp/ikkrwebBrowse/material/files/group/4/kyodo20_ondanka.pdf

14) 小西和夫.［大阪］市立図書館の改革：知識創造型図書館へ. 図書館界. 2011, 63（2），p.74–80. https://doi.org/10.20628/toshokankai.63.2_74

15) 日本図書館協会事務局. 日本図書館協会のデータベース仲介事業について（報告）：公共図書館のデータベース導入状況. 図書館雑誌. 2008, 102（11），p.801–803. http://www.jla.or.jp/Default.aspx?TabId=241

16）国立国会図書館関西館図書館協力課編．日本の図書館におけるレファレンスサービスの課題と展望（図書館調査研究リポート no.14）．国立国会図書館関西館図書館協力課，2013, 256p．https://dl.ndl.go.jp/info:ndljp/pid/8173850　都内の全図書館の導入状況は、「都内公立図書館インターネット等サービス状況（令和元年 10 月 31 日更新）」がある。https://www.library.metro.tokyo.jp/lib_info_tokyo/public/internet/

17）情報検索技術の発展が日本の大学図書館に及ぼした影響．三田図書館・情報学会研究大会発表論文集．2010 年度、p.25–28. http://www.mslis.jp/am2010yoko/07_hasegawa.pdf

18）4）と同じ　岡部は「一般市民も相変わらずネット上でグーグル検索ばかりやっていて、図書館の記事 DB まで検索する人は多くないだろう」(p.15) と DB 利用の低調さを指摘している。

19）大串夏身．図書館のこれまでとこれから：経験的図書館史と図書館サービス論．2017, 青弓社，2017．インターネットの普及による、ウェブサイトの活用については、図書館の資料の範囲とすべきに落ち着き、さらに、商用 DB の導入をめぐっては、無料原則の関係から受益者負担の議論があり、特定サービスへの料金負担はおおよその理解が得られていた (p.67–68) としている。また、「質問・解答サービスは一部の図書館を除いて低調」(p.213) と、DB 提供を包含するレファレンスサービスの状況も指摘している。質問・回答サービスが一部の図書館を除いて低調との指摘から、レファレンスツールである DB の提供も低調であると考えられる。業界における複雑な事情が垣間見える。

20）安蒜孝政ほか．図書館における情報探索行動．2010 年日本図書館情報学会春季研究集会発表要綱，p.87–90, 2010–05　学生と図書館員の情報探索を比較している。「学生はサーチエンジンと Wikipedia を、図書館員は各種データベースと図書を主に利用していた。…図書館員は最初から各種データベースや図書などの信頼性が確保されている情報源を少数見る。…図書館員はほとんど既知のデータベースを利用していた…DB の存在と有用性を知らなければ DB を使えない」。DB の有効性を知っているか、DB 自体を知らないのか、その差が、DB を「使う、使わない」の情報探索行動に現れる。

21）（財）東京市町村自治調査会．図書館のあり方に関する調査研究報告書．2011, 63p．「高度情報社会は、有料データベースや電子書籍など、本の形をしていない情報も膨大に生み出し増幅させており、こうした情報の利用を望む住民も確実に増えている」(p.21) との調査もある。　https://www.tama-100.or.jp/cmsfiles/contents/0000000/203/tosyokan.pdf

22）国立国会図書館　デジタル化資料提供状況（令和 2 年 3 月時点）　図書館への来館型で 3/4 が、国立国会図書館に出かけなくとも最寄りの図書館で利用できる。https://www.ndl.go.jp/jp/preservation/digitization/index.html　※2022 年 5 月から、「図書館送信対象資料」は、最寄りの図書館に出向かなくても、個人で利用者登録を

することで、自宅のパソコンから閲覧できるようになった。翌2023年1月には印刷機能も追加された。https://current.ndl.jp/e2529　https://current.ndl.jp/car/169179

資料種別	デジタル化資料			
	インターネット公開資料	図書館送信対象資料	NDL館内提供資料	合計
図書（万点）	35	55	7	97
雑誌（万点）	1	80	52	133
歴史的音源（万点）	0.5	—	4	5
合計（万点）	54	151	69	274
割合（%）	19.7	55.1	25.2	100
累計（%）	19.7	74.8	100	—

23) 岩崎武史（鳥取県立図書館支援協力課くらし・産業支援担当）．図書館出会いの広場：新聞記事データベース利用可能に．日本海新聞 東部版．2020年3月31日，p.12. 全国紙の新聞記事データベース「聞蔵Ⅱ ビジュアル」と「ヨミダス歴史館」を県内すべての市町村立図書館で利用可能とする契約を締結し、2020年4月1日から提供開始。両データベースとも、県内全域での広域共同利用は全国初の試み。それ以前、農業分野に関する情報提供機能強化のため、2018年6月から提供開始した「ルーラル電子図書館」（農山村文化協会の農業や食に関するDB）の多くの利用で、図書館の情報環境整備の重要性が認識された結果であろう。また、以下に紹介されている、長年のビジネス支援サービスの成果でもあろう。○小林隆志．第2章 仕事や生活に役立つと認識される図書館になるために：鳥取県立図書館のビジネス支援事業．In. 大串夏身．課題解決型サービスの創造と展開（図書館の最前線3）．青弓社，2008, p.21–52.

24) 長野県立図書館．北アルプス地域の市町村図書館で新聞記事データベースのコンソーシアム（共同）利用が始まります．2020年4月1日．https://www.pref.nagano.lg.jp/kyoiku/bunsho/happyou/020331datapress.html　朝日新聞記事データベース「聞蔵Ⅱビジュアル」を北アルプス地域5市町村図書館（市立大町図書館、池田町図書館、松川村図書館、白馬村図書館、小谷村図書館）で共同利用できる契約を結び、利用アカウント共有して、コンソーシアム（共同）利用を4月1日から開始する。広域連携の一環として、県立長野図書館がサポートを行った。

25) 2)と同じ　菅谷は「図書館は独自に資料を収集し、整理し、検索ツールを開発するという基本的な作業を行い、情報に対する民主的なアクセスを保証するための公共的な情報空間として存在するものである。いくらインターネットに膨大な情報があっても、そこに存在しないタイプの情報の方が当然ながら圧倒的に多いのだ。こう考えると、今後、情報化がますます加速し、デジタル時代が進展しても、図書館が持つ基本的な機能は変わらないところか、むしろ形を変えてますます重要になるだろう」（p.216–217）としている。まさに、一部の図書館や本プロジェク

トが主張している、伝統的図書館機能と電子図書館的機能の融合を、また、図書館機能を広くとらえることの重要性を、ストレートに述べている。

26）田邊稔；平吹佳世子．リモートアクセスサービス実現までの経緯と今後の課題．MediaNet. 2007, no.14, p.2–6. http://www.lib.keio.ac.jp/publication/medianet/article/pdf/01400020.pdf

27）小泉公乃．図書館経営における経営戦略の類型．三田図書館・情報学会研究大会発表論文集．2011, p.25–28. http://www.mslis.jp/am2011yoko/07_koizumi.pdf https://doi.org/10.1241/johokanri.59.172

28）渡邊由紀子．アメリカの大学図書館および公共図書館における電子情報サービスとその導入．大学図書館研究．2005, 73, p.57–68. https://doi.org/10.20722/jcul.1168

29）飯野勝則．図書館を変える！ウェブスケールディスカバリー入門．ネットアドバンス，2016, 270p.

30）湯浅俊彦．電子出版活用型図書館プロジェクトの可能性：ディスカバリーサービスを中心に．情報学．2018, 15（2），p.182–190. https://ci.nii.ac.jp/naid/120006534930

31）京都府立図書館．ディスカバリーサービスの実証実験結果について．https://www.library.pref.kyoto.jp/?p=14335　平成29年7月から平成30年1月まで実証実験

32）（株）ネットアドバンスは、親会社の出版する「日本国語大辞典」以外に、他社で作成された事典や辞書などのコンテンツやDBを増やし、複合的に組み合わせて、インターネットで検索・閲覧できるサービスを提供するコンテンツアグリゲーターである。データベース作成機関とデータベースサービス機関の両方を兼ねている稀有な存在である。2001年のサービス開始当時、日本語DBは「ネットで百科」、「nichigai/web」、「Digital News Archives for Library（朝日新聞記事データベース）」、「医学中央雑誌」と限られていたため、非常に先駆的な事業展開によって、DBの発展・普及に果たした役割は大きい。以下の論文で詳しく紹介されている。〇田中政司．ジャパンナレッジの挑戦：電子レファレンスツールの可能性．情報管理．2016, 59（3），p.172–180. doi: http://doi.org/10.1241/johokanri.59.172　当初想定していた顧客は学術マーケットではなく個人の利用者だったが、法人利用と個人利用の全売り上げに占める割合はそれぞれ84％、16％（p.173）、個人会員属性（p.174）、法人利用の機関別契約数（p.177）だった。〇木川明彦．ジャパンナレッジ（ネットアドバンス）．電子出版制作・流通協議会．電子図書館・電子書籍貸出サービス調査報告2014. ポット出版，p.127–136.　2014年7月時点の導入機関、大学図書館339館、公共図書館120館、学校図書館66館、専門図書館など66館、海外の大学図書館など83館の導入機関名のリストを掲載。

33）（特非）医学中央雑誌刊行会は、医学分野の100年以上続く抄録誌を、紙媒体で制作していた非営利団体で、公費に頼らない経営を維持し、二次資料の制作から提供まで、紙媒体からWebでの提供まで展開した、これも稀有な存在といえる。以下の論文で詳しく紹介されている。〇松田真美．医学中央雑誌110年の歴史を振

り返って. 薬学図書館. 2015, 60（1）, p.71–80. ○松田真美. これからの学術情報の提供ビジョンについて：医学中央雑誌刊行会の視点から. 薬学図書館. 2011, 56（4）, p.297–303. 市民のニーズとそれへの対応も模索している. https://www.jamas.or.jp/public/「医中誌 Web は … 一般の方々のニーズにも応えるサービスでもある」としている.

34）EBSCO 社は、世界中で利用されている DB の制作、DB や電子書籍のプラットフォーム、DB の統合検索ツールなどを提供している世界的企業である. EBSCO Information Services Japan（株）は EBSCO 社の製品販売・契約、運用支援を行っており、図書館などへの情報提供サービス全般の経験・実績に優れた企業である. 以下の論文で詳しく紹介されている. ○ Collins, Tim. Library evolution, trends and the road ahead from the EBSCO lens. Information Services & Use. 2015, 35（1–2）, p.99–107. https://content.iospress.com/articles/information-services-and-use/isu771

35）ま. がんばれシショくん！：No.1 ～ No.132. 図書館問題研究会東京支部、1997, 71p.

36）山下ユミ. 都道府県立図書館における医中誌 Web 導入の現状. 医学図書館. 2019, 66（4）, p.274–277.

37）磯部ゆき江ほか. 都道府県・政令市図書館の医療健康情報サービス：「公共図書館のがん情報サービスの課題：提供する資料・情報の視点から」調査報告. 現代の図書館. 2018, 56（2）, p.83–103.

38）三浦寛二. 公共図書館で文献の検索と収集をどのように伝えるのか：公共図書館における看護師を対象とした文献検索ガイダンス実施の試み. 現代の図書館. 2017, 55（4）, p.192–199.

39）20）と同じ。

40）JapanKnowledge　https://japanknowledge.com/personal/index.html

41）https://db.g-search.or.jp/　G-Search には、検索結果の簡略表示で、検索語が含まれる数行を表示する「スニペット」機能が欲しい. 簡略表示では、その記事が必要かどうか判別不可能である. 例えば、人名で検索して全文を購入すると、単なる人事異動の記事だったこともある. DB には、ユーザ目線で工夫する余地が多数ある.

42）医中誌 Web　https://www.jamas.or.jp/

43）吉本龍司. 学習会「図書館システム個人パスワードの管理と移行の課題」記録. In. 日本図書館協会図書館システムのデータ移行問題検討会報告. 図書館システムのデータ移行問題検討会報告書（JLA Booklet 5）. 日本図書館協会、2019. 83p. 「識別」と「認証」の区別(p.70–77)の、事例を挙げた紹介が参考になる.

第2章　補足

日常での DB 利用

　「第2章6節 リモートアクセスでの商用 DB 提供の展望」では、公共図書館で住民が商用データベースを利用する場合、図書館外からもリモートアクセス可能とすることで圧倒的に利用しやすくなることを提言したが、それには、住民自身が商用 DB の有用性をもっと実感して、どうしてもそれを使いたくなることが前提になるだろう。まだ今のところ、それを認識してもらえていないのが現状だ。そこでここではまず、著者たちの中の一人の日常的な DB 利用の姿を、モデルケースとして取り上げてみよう。

　調査する住民としては、商用データベース等の情報を、インターネット環境の整った自宅や、散歩で立ち寄った喫茶店などからリモートアクセスで利用できることが理想である。紙の新聞や論文を読み、テレビを観て、何か書き物をしているときも、気になった経済用語などの概要や正確な意味を知りたい時には、出版社などが提供する辞書・辞典・データベースを横断して検索できる JapanKnowledge（有料で個人でも契約）やコトバンク（広告を収益源として利用は無料）、そして、一般にも普通に使われている無料の Google を併用して調べている。できれば新聞の DB でも経済に関する動向を調べたいが、いちいち図書館まで出かけるのは億劫だし、インターネット上の情報である程度代用できるため利用頻度も少なく、その費用に見合う効果は期待できないので契約はしていない。それでも新聞のまとまった調査や論文のコピーが必要な時には、半日仕事で国立国会図書館（NDL）まで出かけることになるが、それは年に1回あるかないかである。またその場合費用も時間もかかるので、本当に必要なもの以外は、調査自体を諦めるなど極力控えることになる。専門書や洋書へのアクセスも商用 DB と同様な状況だが、DB に関して利用者の時間と経費を節約してくれる図書館があれば、その地域に引っ

越すことを考えたいぐらいである（本当はNDLが第一候補かもしれないが）。

すでに「第2章6節 リモートアクセスでの商用DB提供の展望」で述べたように、商用DBのリモートアクセスを図書館の使命として実現すれば、調査する住民の情報環境は、画期的に改善する。しかし商用DBを提供するベンダーは営利企業なので、地域住民に向けてリモートアクセスを展開できるような契約を図書館と行うことに関しては慎重である。とはいっても、社会的に有用なサービスを「適正な価格」で提供したいという意向はあるはずだ。一方で新聞社の経営方針は、今のところDBより紙の比重が圧倒的に大きい。そこでDBの提供側のビジネスモデルに配慮しつつ、お互いの本音で有効な活用を模索できるのではないか。社会的な必要性の有無で、提供する側も考えるべきだと思うがどうだろうか。

図書館からのリモートアクセスについては、本論では、住民や利用者、特に調査する住民にとって「DB金脈は固い！」という図で示し、DBの価値は大きいものの、掘り出すことは困難と表現した。これが現状であるが、実はリモートアクセスと個人契約の中間的なサービスも考えられる。

公共図書館が自治体内に分館、地区館、公民館の分室など、複数の図書館ネットワーク網を持っている場合、自宅からが無理なら、アクセスに時間を要しない地域の分館等において、利用者自身によるセルフ検索（可能なら時間制限の緩い運用）ができないだろうか。いくつかの事項を調べるために、わざわざ分館等まで出かけるのも億劫であるが、折衷案としては実現可能な範囲だろう。Wi-Fiでの利用が可能ならなお良い。住民としてはこの程度は実現して欲しいし、これが可能になればDBに対する認識も大きく変わるだろう。

商用DBにおける新聞等の提供と有用性

本来インターネット上の情報は、提供側の都合による有料・無料にかかわらず、図書館が窓口となって、そのメディアの特性（いつでも、どこでも、だれにでも）を活かしたサービスを展開すべきである。情報の有用性や利用

頻度が高ければ、個人でも契約を検討するだろう。また通常一カ月単位で契約できるので、必要な時だけ利用することも可能である。このような個人宅での情報環境の整備支援、あるいは情報環境自体の提供も視野に入れなければならない。また個人が情報環境関連の契約をする際、その利用に見合った金額と内容について、相談・助言を行う需要はあると思われる。コンテンツの利用などを含めた住民の情報環境全体の相談を行っているところはまだないだろうから、手付かずの分野だといえるし、図書館ブランド向上の機会になる。これは図書館自体が行わなくても、ICT に詳しい住民ボランティア等の協力を得て事業化できるのではないだろうか。DB の全域提供の取り組みを始めた長野県や鳥取県のように、県立図書館には市町村立図書館への DB 提供支援の拡大を期待したい。

　本文で紹介した新聞(全国紙)や百科事典など、すでに公共図書館で提供されている DB 以外にも、全国の新聞やその他の分野にわたる DB を提供する G-Search、医学文献検索サービスのメディカルオンラインなどがある。NDL の館内利用では、朝日、毎日、読売、日経、中日・東京など、すべての DB が利用者端末設置エリアで利用でき、プリントアウトも可能となっている。公共図書館が自館で提供できる以外の情報探索の案内を行うことは、住民のリテラシー支援となる。しかし現状では、NDL のデジタル資料も含め、インターネット上の情報資源を提供すべき資料群として、住民に認識させているとはいいがたい。

　新聞の場合、縮刷版、マイクロ版で複数紙取り揃えていても、DB で複数の新聞を契約している図書館はまだ少ない。しかし辞書・事典を含め、紙媒体で所蔵していれば DB が不要というわけではない。図書館で一定水準以上の DB によるサービス提供を行う場合、多様な形態での提供ということが大きな課題となるだろう。この章では、現在の図書館で何ができるかということより、住民の求める課題に、今後図書館がどこまで応えられる可能性があるのかという問題提起を行った。

第3章 公共図書館における情報リテラシー支援と地域資料のデジタル化

要旨

　メディアの電子化、パソコンやインターネットの普及、Web による情報発信・入手の一般化、住民の ICT スキル向上など、社会の大きな構造転換に、図書館サービスは適切に対応できているのだろうか。

　本稿では、「調査する住民」をキーワードに本プロジェクト内での議論から、インターネット普及後の公共図書館における重点サービスとして、情報リテラシー支援と地域資料のデジタル化の 2 つを論じた。2 節では、調査する住民に関しての最近の言説を紹介し、調査を支える基盤の情報リテラシーと、地域資料の収集・提供・共有について述べた。3 節、4 節では、情報リテラシーと地域資料の概要をそれぞれ紹介した。5 節では、情報リテラシー支援と地域資料のデジタル化について、重点サービスの概要を提案した。

　図書館が提供できる資料・情報は、流通している図書・雑誌からインターネット上で流通する資料・情報まで拡大した。現在と将来において、生活インフラとして、インターネットが普通の情報基盤となっている。図書や雑誌の閲覧・貸出だけでなく、ユニークな地域資料や個人文庫のデジタル化は、地域住民だけではなく世界中からの情報要求にも応じることができる。デジタル情報の提供とアクセス、情報リテラシー支援による情報探索スキルの保証により、地域から地球規模まで、調査する住民の要求に応えることは、従来の図書館業務・サービスのノウハウを蓄積してきた図書館にしかできない。地域のため、地域にとどまらない世界のためという理想を実現し、地域にもフィードバックされ、それが共有・連携のサイクルを形成することを期待したい。

1. はじめに

　メディアが電子化し、パソコンやインターネットが各家庭・個人に普及している。Web による情報発信・入手が一般的になり、住民の ICT スキルも向上している。こうしたインターネットに代表される ICT の変化によって、社会は大きく構造転換しているが、図書館サービスは適切に対応できているのだろうか。

　図書館笑顔プロジェクトは、「ユーザと業界が元気になる」を目標として、2016 年秋から活動を開始した。調査する住民の立場から、最初に、未来の図書館を概観し[1]、次に、自宅からの DB 利用の必要性を述べた[2]。これらは、地域における館種を超えた連携[3]を発展させたものである。

　本章では、「調査する住民」の言説を紹介（2 節）して、情報リテラシー（3 節）と地域資料デジタル化（4 節）を重点サービスとしてとらえ、その概要を提案（5 節）する。

2. 調査する住民

　日々の暮らしにおける「簡単な調査」は、スマホひとつで簡単に解決できる。例えば、今日は愉しいことがあったので、夕食は外食にしようと決定し、どんなお店が良いかをググって複数候補をピックアップして、お店の公式サイトやグルメサイトや、個人による SNS の書き込み等を参照して、メニューや値段を比較・評価・選択し、お店までの交通経路や所要時間をスケジュールし、同伴者に連絡する。こうした一連の流れも立派な調査といえる。学校・家庭・職場などの日常生活は知的営為であり、事柄や物事についての実態・動向・事実関係をはっきりさせる調査活動に満ちている。

　また、地域住民自身による地域や社会の課題解決のための「本格的な調査」が、立場の異なる著者によって論じられるようになった。これも Web による情報発信・入手が一般的になった時代の要請なのだろう。

　佐藤[4]は、『調べる技術　書く技術』で専業作家としての知的生産術をま

とめたとしているが、知的生産とは社会のトップ 1％のスキルではない、と
している。知的生産の重要な要素として、「楽しんで仕事をすること」をあ
げ、知的生産力を高めることによって、人生の充実度が上がることの重要性
を強調している。また、自分たちの社会の問題を解決する、自分たちがより
安心して暮らせる社会をめざす、そのための「調査」の必要性・有効性が紹
介されている。

　宮内等[5]は、複雑な社会にあって、国や専門家任せにしないで、自分たち
のことは、納得できる形で、自分たちで決め、自分たちで解決することを勧
めている。一人ひとりが生きていく中で必要なことを調査し、自分たちに
とって必要なことを見極め、具体的な解決策を実行する。ここでは、調査者
と実行者が同じであることが最大の特徴であり、それが住民自身による調査
となっている。私たち一人ひとりが生きていく中で必要なことを調べ、より
よい社会をつくっていくために調査すると述べられ、さらに、そのために調
査の具体的な方策として練習問題が例示され、調査する住民の調査課題の解
決過程も示している。自分が暮らす町の子育て支援の課題、子どもの貧困、
マンションの生活騒音の問題、日本における独居老人、住んでいる市の農業
は現在どういう問題をかかえているのか、などで実践的な内容である。ま
た、論文や本を批判的に読むクリティカルリーディングとして、書かれたも
のの「信頼度」を意識し、書かれていることが真実かどうかを評価・判断す
ることの必要性も示されている。

　インターネットの匿名掲示板「2ちゃんねる」の開設・管理人であったひ
ろゆき[6]は、『1％の努力』第 7 章の「あらゆることを調べつくせ」の項で、
興味が出たものは徹底的に調べ、納得するポイントを探り、「知りたいから
調べる」を出発点にして、調べることの過程を楽しめる人になることを勧め
ている。

　吉見[7]は、デジタル化の進展と知識の断片化により、大学から社会全般ま
で、知的創造のための社会的条件が弱体化しているとして、知的創造を支え
る図書館や大学、デジタルアーカイブなどの社会的基盤がどうあるべきか、
知的創造をいかにして奪還するかを論じている。社会学的系譜としての清水

幾太郎『論文の書き方』(1959 年 岩波新書)や、情報学的系譜の梅棹忠雄『知的生産の技術』(1969 年 岩波新書)から続く、知的生産・創造をテーマにした本は数多く出版されているが、吉見の著書がこれまでと一線を画するのは、知的創造の方法論で終わらせず、社会的基盤の視点から論じている点である。

四者と同様のことを、前川[8]も「本をとおして自分で物事を考える市民が増えれば増えるほど、社会が良くなるはずだと信じた。あらゆる人間には本能的に知的好奇心があり、その好奇心、気持ちを尊重し、市民の期待にこたえるのが自らの仕事だと考えた」とされている。図書館が発展した60年代、70年代の信念は、現代にも通じるのであろう。

今後、住民自身による調査と、批判的思考による地域の問題解決は、住民の生活や地域社会において必須事項となる。従って、調査方法を含んだ情報リテラシーと、調査を支える地域資料の収集・提供・共有は、その基盤となる。

3. 情報リテラシー支援

図書館の所蔵資料は、地域活性化に関する図書館経営において「公共図書館はあらゆる人に開かれた、地域の中で最も良く利用される公共施設の一つであり、その所蔵資料は、人類の知のあらゆる領域に及んでおり、暮らしやすく、元気なまちづくりが求められる中で、…中略…住民の生活や地域の産業に役立つサービスを提供するなど、さまざまなやり方でまちづくりに貢献することが期待されている」[9]とある。図書館は、あらゆる調査に対応可能な質と量を、個々の図書館の総体として備えている。

そして、総体としての蔵書を住民が利用するためには、課題を設定し、求める資料を効率的に探し出して入手できるよう、資料や情報の専門家である図書館員による情報リテラシー支援が必要となる。加えて、図書館やインターネットによる蔵書の利用や情報リテラシー支援のための適切な手段や仕組みの構築・運営・改善も必要となる。

1) 情報リテラシーとは

　情報リテラシーは、情報技術を使いこなす能力と、情報を読み解き活用する能力と、2つに分けて定義される[10]。

　　文字を読み書きする能力を意味するリテラシー Literacy から派生し、「情報技術を使いこなす能力」と「情報を読み解き活用する能力」の二つの意味をもつ。「情報技術を使いこなす能力」とは、コンピュータや各種のアプリケーション・ソフト（特定の作業のためのソフトウェア）、コンピュータ・ネットワークなどの IT（情報技術）を利用して、データを作成、整理したり、インターネットでさまざまな情報を検索したり、プログラムを組むことのできる能力をさす。コンピュータ・リテラシーとよばれることもあり、IT の分野で情報リテラシーという場合は、こちらを意味していることが多い。一方の「情報を読み解き活用する能力」は、広義の情報リテラシーと位置づけられる。テレビ、ラジオ、新聞、雑誌などさまざまなメディアから発信される情報の役割や特性、影響力などを理解する力、および自ら情報を収集、評価、整理し、表現、発信する能力など、情報の取扱いに関するさまざまな知識と能力のことをさし、メディアリテラシーともよばれる。学校教育の現場などでは、おもにこの意味で使われる。

　例えば、高等学校の教科「情報」は 2003 年には 3 科目だった。コンピュータの基礎技能と情報活用の実践力に重点を置いた「情報 A」、情報の科学的理解と機能や仕組みに重点をおいた「情報 B」、情報社会に参画する態度を育てることに重点をおいた「情報 C」である[11]。現在は「社会と情報」と「情報の科学」の 2 科目となっている[12]。2 つの科目と情報リテラシーの 2 つの定義はペアになっている。さらに、2022 年度からの新しい学習指導要領では、「情報Ⅰ」（プログラミングを含む。共通必履修）と「情報Ⅱ」（より高度な内容を含む。選択科目）の 2 科目へ再編され、2025 年 1 月の大学入学共通テストからは、教科「情報」が新教科として出題される。

高校生が学んでいる内容について、彼らとの理解の程度に差があるとしても、年齢に関係なく、一般住民も図書館員も了解しているべきだろう。特に、住民と行政職員の情報リテラシーを支援し、インストラクターともなる図書館員は、現時点では職務として位置づけられていなくとも、今後の需要を先読みし、職場としても、情報のプロを目指す図書館員としても、早急な対処が必要である。今後、住民要求とのギャップが取り返しのつかないほど大きくなれば、図書館が住民や行政や社会から見放されるだろう。

2）情報リテラシー関連図書

　情報リテラシー関連の本は、一般人・学生向けから図書館員向けまで多数出版されている。最近の本を中心に数点あげる。課題設定やアウトプットには、論文作法や情報発信技術[13]-[15]、資料を効率的に探して入手するには情報探索法[16], [17]に習熟するのが良いだろう。

3）日本の図書館における情報リテラシーの位置

　わが国の図書館で、利用教育から学習支援としての情報リテラシー教育へ転換した背景には、アメリカで 2000 年に公開された ACRL（Association of College and Research Libraries）の「高等教育のための情報リテラシー能力基準」[18]の影響がある。この基準では、情報リテラシーを単に「情報テクノロジーを使いこなす技能」だけではなく、「問題解決や批判的思考をテクノロジーの利用に適用すること」に焦点を当てたことが特に注目される。この基準は、2015 年には「高等教育のための情報リテラシーの枠組み」[19]として改訂され、情報リテラシーは「情報を反省的に発見し、情報がどのように生産され価値づけられるかについて理解し、新しい知識を創造しかつ学習の共同体に倫理的に参加するのに必要な情報を利用する際に必要となる能力の総体」と、基準から枠組みに発展している。

　日本の図書館における情報リテラシー支援[20]については、学校・大学図書館で、新入生オリエンテーションの時期に「利用（者）教育」という名称で取り組まれてきた。また、特に医学・薬学系図書館では、早くから情報検索

ツールの利用方法の案内が行われていた。国立大学図書館協会でも「高等教育のための情報リテラシー基準」(2015 年版)[21]が公開されている。

学校・大学図書館では、利用教育の発展型として取り組まれてきた情報リテラシー支援だが、公共図書館では 2005 年に発表された政策文書の「地域の情報ハブとしての図書館：課題解決型の図書館を目指して」[22]などもあり、ビジネス支援、医療健康情報支援など、課題別の支援を行うための方法として、あるいは ICT の急速な発達によるデジタルデバイド解消のため、新たなサービスとして限定的に提供されているといえるだろう。

情報リテラシーの対象範囲が、図書館員の認識している図書館での蔵書検索やデータベースによる情報探索から大きく踏み出して、教育や政策決定をも取り込んで大きく変貌している。従って、今後の図書館サービスの領域として大いに注視する必要がある。

4）日本の教育制度と情報リテラシー

教育制度と情報リテラシーの関係は対象領域が広範囲に及ぶため簡単に述べるにとどめる。

情報リテラシーを教育学の面から見ると、西欧近代的な実証主義の教育から構成（または構築）主義への学習理論の大きな変化があるということができる[23]。

構成主義の学習理論では、「学習者中心の学習環境」、「問題解決学習（problem-based learning）」などの方法が重視されるが、これは大学図書館でのインフォメーション・コモンズからラーニング・コモンズへの移行の中でも学習理論の変化の影響として指摘されている[24]。

この情報リテラシーをさらに発展させ「市民リテラシー」とすると、公共図書館が市民に提供すべき主要なサービスとしての位置づけが可能となるだろう[25]。

4. 地域資料のデジタル化

　前の 3 節で引用した「住民の生活や地域の産業に役立つサービスを提供する」[26] という点からも、従来からのサービスとしても、そして、地方創生や地域活性化などの文脈でも、地域資料の収集、提供、デジタル化の重要性は、ますます大きくなっている。『図書館の設置及び運営上の望ましい基準』[27] の「市町村立図書館は、インターネット等や商用データベース等の活用にも留意しつつ、利用者の求めに応じ、資料の提供・紹介及び情報の提示等を行うレファレンスサービスの充実・高度化に努める」から、図書館サービスを発展的に考えれば、インターネットを活用した情報提供の一つとして、地域資料のデジタル化をもっと推進すべきである。

1) 地域資料とは

　『地域資料入門』によれば[28]、地域資料の定義は、「当該地域を統合的かつ相対的に把握するための資料群」で「地域で発生するすべての資料および地域に関するすべての資料」であり、その目的は、その地域について関心を持つものが学習・研究し課題を解決するために必要とされる情報と資料を図書館が備えるところにある。地域資料サービスとは、こうした資料群を、「調査する住民」に対して、適切に援助するところにある。当該地域のみならず、調査に必要な各地の地域資料・情報を保持する図書館や機関と連携・協力してサービスを達成できる。

　『地域資料入門』(1999) 以降の、地域資料サービスのあり方の論点整理、調査研究の動向、課題、デジタルアーカイブ化などを網羅した文献レビュー[29] も参考になる。

2) 公共図書館の中心的業務としての「地域資料デジタル化」

　地域資料に関する収集の状況・方針・整理・所蔵の調査には、全国公共図書館協議会による「公立図書館における地域資料サービスに関する実態調査報告書」(2018) などがあり、サービス状況を把握できる[30]。地域資料のデジ

タル化の概略については、デジタル化の方法、目的、課題、対象資料が簡潔にまとめられている[31]。地域資料のデジタル化の全体についての論考[32]-[41]も近年は多い。文献リストとともに主なものを紹介する。

根本（2002）[42] は、地域資料サービスを以下のように位置付け、調査する住民の範囲が住民、自治体職員・議員であり、活動内容が地域政策の決定にかかわる事項であるとしている。

地域資料サービスは、地域における自己決定のために、自治体内部の情報や地域に存在する情報をまず満遍なく集めて、その中で一番良い方法を決定するときの素材を提供する。

地域資料サービスは、地域における意思決定にかかわる自治体職員や地方議会の議員、また市域に対する関心が高い住民、住民運動や様々な地域活動を行っている住民にとってなくてはならない存在であり、地域のオピニオンリーダーに図書館サービスを改めて評価してもらうきっかけになる。また、図書館という開かれた場で地域資料サービスを行うことによって、職員、議員、住民という異なった立場の人々が同じ情報を共有しながら意思決定に参加できる可能性を持たせることができる。

また、根本（2004）[43] は、住民の自治能力が問われているとして、住民の政策判断のためには新鮮な情報としての地域資料が必要なこと、図書館が市民生活の消費的側面だけでなく生産的な側面にかかわるべきとの考え方の存在を示している。

福島は『図書館機能の再定置』[44] で、図書館の規模的拡大が望めない現在の社会状況を踏まえたうえで、図書館は情報・資料提供機能、特に地域資料・デジタルリソースの提供機能に注力すべきだと主張した。彼は、いわゆる広場機能や児童サービスなどは、有意義なものではあるが図書館以外の機関でも提供可能であり、それよりも博物館や文書館が現状で十分機能できていない部分を図書館機能に取り込んでいくべきだとし、その方法として図書館が「デジタルリソースのハブ」となることを提言している。

一方で相宗[45]は、そのための図書館の人員確保の難しさをあげ、ボランティア等の住民参加が必要であることを指摘している。このような住民・市民との連携は、ウェブサイトによって情報発信されている事例も多く、ウィキペディアタウンなどとの連携も多数報告されている。また、相宗は別の論考で「住民同士の場」づくりに、ラーニング・コモンズを利用する可能性について触れている[46]。ラーニング・コモンズは、大学で学生の正課外の活動の場所として位置づけられるものだが、その構成要素として、人的なサポートが必須とされる[47]。

本稿では、公共的な空間としての図書館で「調査する住民」同士が交流することを一つの理想像とするが、地域資料をデジタル化し情報発信を行う主体は、その地域の住民であるとするならば、図書館(図書館職員)の役割は彼らをサポートするファシリテーターとしての機能ではないだろうか。公共図書館にラーニング・コモンズを導入する場合には、住民によるデジタルな情報発信を前提とした人的援助を行うサポート体制を整える必要があると考える。そのためには、相宗も指摘する様に先行する大学図書館の知見を参照し、協力体制を構築することが望まれる。

5. 重点サービスの提案

情報リテラシー支援と地域資料のデジタル化について、重点サービスとしての概要を提案する。情報リテラシー支援については、本プロジェクトメンバーの一人が担当した「図書館情報学」(一般教養科目)、「図書館情報技術論」(司書課程科目)の授業シラバスを示す。詳細な内容は割愛する。地域資料のデジタル化については、本プロジェクトでの議論のまとめを示す。

1)情報リテラシー支援

以下のシラバス内容の修得で、住民自身によるセルフレファレンス[48]能力の獲得と、図書館員が情報リテラシーのインストラクターとなることをゴールとしたい。以下のシラバスはその実例である。読んで書くための演習

第3章　公共図書館における情報リテラシー支援と地域資料のデジタル化　83

課題として、学術論文の探索、入手、抄録作成（2回、講評をつけて返却）を課すと効果的である。

1–1)「図書館情報学」のシラバス

概要

　図書館情報学について学ぶとともに、大学生・社会人としての基本的情報リテラシーを学ぶ。情報を正しく理解・評価・活用する基本的能力について、講義と演習によりスキルを高める。レポートや論文の執筆に必要な文献の調査・入手、論文のテーマ設定などの実践的な知識が身に付く。

授業の目標

a) 社会生活における課題発見とその解決のために、情報を正しく理解して活用する能力を身につける。

b) 情報活用能力を身につけるために、情報メディアと、情報の組織的な提供機関である図書館の基礎的な事項について、その特徴や仕組みを知る。

c) 情報の収集・加工・発信の基礎的な演習により、情報メディアと図書館を活用するための理解を深める。

各回の内容と目標

1) 実践的ツールとしての「図書館・情報学」

　　目標：「図書館・情報学」の有効性を理解する。Q 図書館の活用、Q 学術論文とは

2) メディアを組織化して利用者に提供する仕組みとしての「図書館」

　　目標：メディアを組織化して利用者に提供する「図書館」の仕組みを知る。図書館の仕組みや特徴を理解することによって、有効に図書館を活用できるようになる。Q 図書館の機能、Q 貸出冊数の意味

3) 情報を蓄積し伝達する図書、雑誌、インターネットなどの「情報メディア」

　　目標：情報を蓄積し伝達する図書、雑誌、インターネットなどの図書館で提供される各種の「情報メディア」の特徴を理解する。情報メディアの仕組みや特徴を理解することによって、有効に学術情報を活用できるようになる。Q メディア比較、Q 蔵書構成

4) 情報メディアの収集、提供、保管を行うための「資料組織」

目標：図書館で提供している情報メディアを効果的に活用するために、図書館資料へのアクセス方法の仕組みを理解する。図書館資料の組織化について理解することによって、学術情報をより効果的に活用できるようになる。Q分類の仕組み、Q総合目録の仕組み

5)データベースやインターネットで情報を探索・入手するための「情報検索」

目標：情報へのアクセス方法の技術と、情報の入手方法について理解する。情報検索の具体例を知ることによって、課題探索を効果的に行うことができるようになる。Qツールの比較、Q文献の入手と要約

6)社会人に必要なコミュニケーション技術としての「情報発信」

目標：課題を発見し、情報を入手し、情報を効果的に発信する方法について理解する。Q引用の方法、Q著作権の解釈

　一コマ分の内容を紹介すると、「3)情報メディア」では、本・雑誌・新聞などの紙メディアとネット情報の実例を示して、情報の鮮度の差、信頼性などを解説する。図書の信頼性とSNSの信頼性には差があり、その差がなぜ生じ、信頼性の評価をどのように行うのかなどである。吉見[49]による、本とネットにおける著者性と構造性における質的な違いである。

1–2)「図書館情報技術論」のシラバス

概要

　図書館業務に必要な基礎的な情報技術を修得するため、コンピュータ等の基礎、図書館業務システム、データベース、検索エンジン、電子資料、コンピュータやネットワークシステム、図書館サービスへの情報技術の活用等について学ぶ。理解を深めるために、課題を設定したグループワーク（GW）を行う。

授業の目標

1)図書館業務に必要とされる情報技術の理解

　図書館の種類と機能とは

　図書館で使われている情報技術とは

2)サービスと管理運営への活用を説明できる

　サービスと管理運営とは

3）情報技術の展開と課題に対応できる

　　変容する図書館の役割：情報拠点

　　まちづくり、生涯学習、地方自治、情報社会

4）図書館とインターネットの活用に習熟する

　　自分にも活用可能な情報［通信］技術

　　情報の獲得と発信、情報化社会へ上手な対応

各回の内容

01 情報技術と図書館

02 コンピュータとネットワークの基礎

03–04 図書館における情報技術活用の現状

05 インターネットによる情報発信

06 電子資料とデジタル化

07 情報検索とデータベース

08 図書館業務システム

09 コンピュータシステムの管理

10 最新の情報技術と図書館

2）地域資料のデジタル化

　どこの図書館でも検討課題となるのは、どのような地域資料をデジタル化し、図書館サービスとして事業展開すればよいのかである。プロジェクトのメンバー内での限られた検討結果であるが、それを以下に示す。

　まず該当地域に関する過去から現在までの広い範囲の資料・情報が必要である。すでに収集している過去の情報はデジタル化を行いつつ、日々発生する情報も残していく。地域の課題を調査し、改善・実現策を考える住民の支援には、従来の図書館資料だけでは足りない。自治体の産業経済、防災を担っている部署の情報が、現在の図書館資料となっていなくても、そこにナビゲートし、つなぐこと、媒介者となることが必要である。図書館が積極的に働きかけることで、色々な部署の人を図書館に呼び込み、レファレンスの場面で顔をつなぎ、情報の所在を把握することができる。こうしたプロセス

を経て、市民への情報公開の窓口を図書館が果たすことができる。該当地域に関する資料の求めに対して、関連部署・専門機関などへの照会・紹介を行うレフェラルサービスも含めて、「図書館にはありません」などと、決して言ってはならないのである。

　また地域でしか集められない資料には、新聞チラシ、町会の作る地図、商店街の地図、地元の会社の社史など、様々な灰色文献があるが、これらは将来的に一級の地域資料になる。卒業アルバム、町会の会員名簿などは、当面の間は個人情報保護の関係で非公開が前提となり、歴史的に時間を経なければ公開できないが、50年・100年先のサービスとして取り組むことが必要である。特に、名簿類については、図書館で収集を行わない限り散逸してしまい、貴重な歴史的資料が手に入らなくなる。

　地域の小学校の卒業アルバムや一般住民のアルバム類なども、不要なものの寄贈を呼びかけることが考えられる。現に、学校には開校当時からの校誌や写真が保存されていることが少なくなく、地域の写真館にも、その地域ならではの歴史的な写真も存在していることがある。地域の風景写真については、地域の写真の同好会に協力を依頼したり、図書館が地域の風景写真講座を開いて、時々の写真を残すことなども可能である。このところの市町村の変貌は著しく、地域の映像資料や地図を地域の図書館が保存し、デジタル化して利用に備えていくことは、緊急の課題ともいえる。

　このように個人情報ですぐにデジタル化公開ができないものは多いが、整理・公開作業の前に、まず計画的な収集を行うことが必要である。デジタル化して簡易なものでもカタログが作成できれば、取りあえず館内閲覧が可能になるだろう。さらにDB化できればインターネットを通じて世界に発信することができる。

　一つの事例をあげたい。近所で親しく付き合っている高齢の方から、戦争前後の学制や、学徒動員と故郷の福島まで戻る旧友との道中、新制大学への入学、小学校の教員になるまでの経緯など、当時の学生時代や生活の昔話を聞いた。そこで、当時の詳細を知りたくなり調査を開始したところ、「福島の学徒勤労動員の全て」[50]が、ある企業のサイトで全文公開されているのを

第3章　公共図書館における情報リテラシー支援と地域資料のデジタル化　87

みつけた。福島県内の図書館では、紙媒体の図書を福島県立図書館（地域書庫/持出禁止）などの6館が所蔵していたが、公開されているPDFの全文へのリンクなどは見当たらなかった。プリントアウトして話しを聞いた方へ差し上げると、そのご本人へのインタビューも載っていて、回想法ではないが、当時を思い浮かべる良い資料になった。本がもつ力であり、地域資料のデジタル化の有効性を示す一例である。

　デジタル化されると有用な地域の歴史の例もある。地域講座で講師をされる方の著書「辻堂歴史物語」[51]は、藤沢市だけに所蔵される地域資料である。デジタル化できれば地域に関して、全分野の貴重な情報源となる。

　編集協力が本プロジェクトの結成のきっかけとなった『ぼくは、図書館がすき：漆原宏写真集』[52),53)]や、以前の写真集[54]のデジタル化は、図書館内の光景が当時の記録となり、これも有用な地域資料といえる。肖像権や、公開の方法・システム、利用制限、データ保存などの検討事項は多いが、小さな地域資料のデジタル化として、本プロジェクトで対応を検討している。3万枚以上のネガフィルムのデジタル化とメタデータ付与は、将来的な事業として構想すべく検討中であるが、まず肖像権や公開の方法・システム、利用制限、データ保存などについても具体的に検討する予定である。

　先の福島、辻堂の例に加え、大学図書館のユニークな資料群である個人文庫の有用さの例を紹介する。国際基督教大学における内村鑑三記念文庫のデジタル化された資料に対して、「上毛かるた」を授業で学んでいる小学生から手紙が来て、文庫の資料を活用できた例があった。群馬を代表する郷土かるた「上毛かるた」（群馬県の人物、地理、風物が読まれている）に内村鑑三が入っていて、インターネットを頼りにその小学生が、デジタル化で公開された個人文庫に辿り着き、結果として遠く離れた調査する住民が必要な情報を入手できた。デジタル化以前は一部のみしか知られていなかった図書館資料が、デジタル化による公開で有効活用できた好例である。また、文庫や地域資料の企画展示から、個人の所蔵している関連資料を持ってきてくれる人もいて、図書館と専門家との連携にもつながる。

　図書館の主要業務・サービスである資料の目録化と資料提供、そして、一

歩踏み込んだ写真などのデジタル化による公開など、インターネットでの世界への情報発信で、地域を超えた研究活動への支援が実現できる。

6. おわりに

インターネット後の公共図書館における重点サービスは、情報リテラシー支援と、地域資料のデジタル化の2つである。学校、家庭、職場など、日常生活は調査活動に満ちている。図書館員は、情報リテラシーを支援し、そのインストラクターとなり、セルフレファレンス（図書館資料に限定せず、あらゆる情報源とツールを対象とする）を実現し、地域資料の監修者としての役割も期待されている。すでに述べたように現時点ではまだ職務として確立していなくとも、今後の需要を先読みし、職場としても、情報のプロを目指す図書館員としても、早急な取り組みをして欲しい。

前川[55]は、「みんなをあんまり賢くしてもらうと困るんだよなあ」という図書館設置者の代表である市議会議員の本音を記している。行政施策・サービスは黙って受け入れてもらった方が楽ちん、ということなのであろう。プロジェクトでも似たような経験が紹介された。複合施設の建設計画の説明・意見交換会で、「住民の意見を聞きもっと良い施設にしたい」という新規住民と、「せっかく新しくなるのだから（黙って）受け入れればよい」という立場の、長年にわたって地元に住んでいる住民の意見対立に対して、市の職員は「参考意見としてお聞きする」という立場を崩さず、対立意見の受容もなされず、会は平行線のまま終了した。このような不毛な光景は、どこの自治体でも経験されているのだろう。

竹内[56]は、図書館とは何かを述べている中で、日常の業務を処理するだけではなく、「自館の運営方針や奉仕計画の策定に積極的に参画」（図書館員の倫理綱領 1980 年制定 第7）することと、毎日流れて行く時間の中で、30年先に備えることを指摘している。

サービスの拡大や高度化は、設置者の経営状況や図書館現場の状況を勘案すれば、簡単にできることではない。しかし、調査する住民としての立場か

ら、地域課題の解決に貢献する図書館への期待と要望はきちんと整理しておくべきと考え、図書館笑顔プロジェクトは本章をまとめた。

　ここまで本章で述べてきた「調査する住民」は、基本的には個人として主体的に自らの興味の対象を研究するものである。しかし、資料・情報と図書館の人的サポートの提供に、ラーニング・コモンズのような学びの場を加えることで、利用者同士の交流が生み出せるならば、柳の言う「新しい知的公共空間をつくる」[57]ことが可能になるのではないだろうか。そのような先進事例として、「共知・共創－共に知り、共に創る」をコンセプトとした県立長野図書館の「信州・学び創造ラボ」の設置や、デジタルアーカイブ「信州デジタルコモンズ」[58]による地域の画像・映像を「知の共有地」として記録・活用する試みがある。

　「調査する住民」たちが目指すべき姿を考えるときに、根本[59]がV.L.パンジトア『公共図書館の運営原理』の中の表現である、「well-informed citizenry」の訳を「見識ある市民」（あるいは「教養ある市民」「知識ある市民」）と紹介し、それが「主体的に情報を利用できる」とともに「自分なりの政治的判断ができる市民」であり、そうした市民によって図書館は利用されるのだとしていることを、いま改めて想起したい。

　最後に、本章における図書館サービスに対する考えを包括的にまとめる。

　図書館が提供できる資料・情報は、流通している図書・雑誌からインターネット上で流通する資料・情報まで拡大した。現在と将来において、生活インフラとして、インターネットが普通の情報基盤となっている。図書や雑誌の閲覧・貸出だけでなく、ユニークな地域資料や個人文庫のデジタル化は、地域住民だけではなく世界中からの情報要求にも応じることができる。デジタル情報の提供とアクセス、情報リテラシー支援による情報探索スキルの保証により、地域から地球規模まで、調査する住民の要求に応えることは、従来の図書館業務・サービスのノウハウを蓄積してきた図書館にしかできない。地域のためと共に、地域にとどまらない世界のためという理想を実現し、地域にもフィードバックされ、それが共有・連携のサイクルを形成することを期待したい。

今後の課題として、自治体の資源再配分やDX（デジタルトランスフォーメーション）と、図書館事業・予算の拡大について、住民と設置者に向けた調査・提案を行いたい。

参考文献

1) 図書館笑顔プロジェクト. 未来の図書館：調査する住民の立場から. 図書館評論. 2019, 60, p.54–75. http://toyohiro.org/hasegawa/TheFutureLibrary.pdf

2) 図書館笑顔プロジェクト. 公立図書館におけるリモートアクセスでの商用DB提供の展望. 図書館評論. 2020, 61, p.3–21. http://toyohiro.org/hasegawa/20200208tmk_hasegawaDB.pdf

3) 長谷川豊祐. 神奈川県内の図書館における館種を超えた連携：神奈川県内大学図書館相互協力協議会の発足から神奈川県図書館協会への統合まで. 図書館評論. 2018, 59, p.55–68. http://toyohiro.org/hasegawa/201807_toshokan-hyoron_59_p55–68.pdf

4) 佐藤優. 調べる技術 書く技術：誰でも本物の教養が身につく知的アウトプットの極意. SBクリエイティブ, 2019, p.16–17.

5) 宮内泰介；上田昌文. 実践 自分で調べる技術. 岩波新書 新赤版 1853, 2021, p.3–7.

6) ひろゆき. 1％の努力. ダイヤモンド社. 2020, 288p. 第7章の「あらゆることを調べつくせ」の項より

7) 吉見俊哉. 知的創造の条件：AI的思考を超えるヒント. 筑摩選書 0190, 2020, p.15–22.

8) 前川恒雄. 未来の図書館のために. 夏葉社, 2020, p.164.

9) 国立国会図書館. 地域活性化志向の公共図書館における経営に関する調査研究（図書館調査研究リポート15）. 国立国会図書館関西館図書館協力課, 2014, p.1.

10) 日本大百科全書（ニッポニカ）. JapanKnowledge https://japanknowledge.com/

11) 長谷川豊祐. 情報リテラシーと大学図書館. 現代の図書館. 2003, 41(3), p.163–173. http://toyohiro.org/hasegawa/literacymod.pdf

12) 実教出版情報 令和3年度用教科書 https://www.jikkyo.co.jp/highschool_r03/jouhou/textbook/r03/

13) 小笠原喜康；片岡則夫. 中高生からの論文入門. 講談社現代新書, 2019, 224p.

14) 小笠原喜康. 最新版 大学生のためのレポート・論文術. 講談社現代新書, 2018, 240p.

15) 上野千鶴子. 情報生産者になる. ちくま新書, 2018, 381p.

16) 関裕司. インターネット最強の検索術. リブロス, 2000, 255p.

17) 入矢玲子. プロ司書の検索術：「本当に欲しかった情報」の見つけ方ほか. 日外ア

ソシエーツ，2020, 241p.

18) ACRL（Association of College and Research Libraries）．情報リテラシー教育の実践：すべての図書館で利用教育を高等教育のための情報リテラシー能力基準（Information Literacy Competency Standards for Higher Education）（日本語版）．ACRL, 2000, 15p. http://www.ala.org/acrl/sites/ala.org.acrl/files/content/standards/InfoLiteracy-Japanese.pdf

19) ACRL（Association of College and Research Libraries）Framework for Information Literacy for Higher Education（高等教育のための情報リテラシーの枠組み）．Chicago, ALA, 2015, 34p. http://www.ala.org/acrl/standards/ilframework 紹介記事：(a) 瀬戸口誠．『高等教育のための情報リテラシーの枠組み』の意義と課題．図書館界．2019, 71 (1)，p.36–45. https://www.jstage.jst.go.jp/article/toshokankai/71/1/71_36/_article/-char/ja ACRLの「枠組み」(2015) の最も包括的な紹介と分析 (b) 根本彰．情報リテラシーのための図書館：日本の教育制度と図書館の改革．みすず書房，2017, p.202–204. 根本は、情報リテラシーの定義である「情報を反省的に発見し、情報がどのように生産され価値づけられるかについて理解し、新しい知識を創造しかつ学習の共同体に倫理的に参加するのに必要な情報を利用する際に必要となる能力の総体」から、日本における情報リテラシーの現状に関していくつか指摘している。1) 図書館や図書館情報学の場から、教育学やコミュニケーション論の場での議論を前提とする学際的な領域の概念に拡張されていること、2) 情報リテラシーが日常的な学習や情報利用・創造の場における情報獲得の過程をも想定していること、3) 情報リテラシーが、学習や調査研究の領域だけでなく、政府や自治体の政策決定や、ビジネスにおける意思決定など、社会の様々な局面に関わっていること、4) 情報リテラシーの有用性が論じられても、日本の情報リテラシー概念の構築が不十分であること

20) 日本図書館協会図書館利用教育委員会編．情報リテラシー教育の実践：すべての図書館で利用教育を．日本図書館協会，2010, 180p.

21) 国立大学図書館協会教育学習支援検討特別委員会．高等教育のための情報リテラシー基準 2015 年版．国立大学図書館協会，2015, 52p. https://www.janul.jp/j/projects/sftl/sftl201503b.pdf 紹介記事：岡部幸祐『高等教育のための情報リテラシー基準 2015 年版』活用法．カレントアウェアネス-E．2015, 289. https://current.ndl.go.jp/e1712

22) 図書館をハブとしたネットワークの在り方に関する研究会．地域の情報ハブとしての図書館：課題解決型の図書館を目指して．文部科学省，2005, 76p. https://www.mext.go.jp/a_menu/shougai/tosho/houkoku/05091401.htm 関連する提言や報告書は、文部科学省「図書館の振興」のサイトにある https://www.mext.go.jp/a_menu/shougai/tosho/

23) 久保田賢一．構成主義が投げかける新しい教育．コンピュータ＆エデュケーショ

ン．2003, 15, p.12–18. https://www.jstage.jst.go.jp/article/konpyutariyoukyouiku/15/0/15_12/_article/-char/ja/

24）溝上智恵子編著．世界のラーニング・コモンズ：大学教育と「学び」の空間モデル．樹村房，2015, 292p.

25）楠見孝他編．批判的思考と市民リテラシー：教育、メディア、社会を変える 21 世紀型スキル．誠信書房，2016, 239p.

26）前出 9）p.1.

27）図書館の設置及び運営上の望ましい基準（平成 24 年 12 月 19 日文部科学省告示第 172 号）「第二 公立図書館」～「3 図書館サービス」～「（二）情報サービス 1）」https://www.mext.go.jp/a_menu/01_l/08052911/1282451.htm

28）三多摩郷土資料研究会編；根本彰ほか著．地域資料入門（図書館員選書 14）．日本図書館協会，1999, p.18.

29）竹田芳則．地域資料．カレントアウェアネス．2015, 323, p.22–26. https://current.ndl.go.jp/ca1846

30）蛭田廣一．地域資料サービスの実践（JLA 図書館実践シリーズ 41）．日本図書館協会，2019, p.41–66.

31）前出 28）p.233–235.

32）森田歌子「図書館の情報・資料のデジタル化がアナログの世界を変えた！　地域コミュニティができ、人間のつながりが広がる　秋田県立図書館で実現に力を注いだ副主幹山崎博樹氏の実践法に学ぶ．情報管理．2009, 52（6），p.368–369. https://www.jstage.jst.go.jp/article/johokanri/52/6/52_6_368/_article/-char/ja/

33）長塚隆．地域資料のデジタル化の進展を NDL Search や Japan Search などの検索ポータルから推測．情報知識学会誌．2019, 29（4），p.340–343. https://www.jstage.jst.go.jp/article/jsik/29/4/29_2019_049/_article/-char/ja/

34）長塚隆．自治体史等の地域資料のデジタル化・オープン化の進展状況：神奈川県政令指定都市の事例から．情報知識学会誌．2020, 30（2），p.155–162. https://ci.nii.ac.jp/naid/130007865521

35）是住久美子．図書館を拠点とした地域資料の編集とデジタルアーカイブの発信．図書館界．2020, 72（4），p.184–188.

36）嶋田学．《基調講演》公共図書館における地域資料に関わるサービスの意義と今後の方向性について：瀬戸内市立図書館での実践事例をもとに．図書館界．2020, 71（6），p.313–316.

37）相宗大督．《報告 1》まちについての思い出を、図書館で残すプロジェクト：大阪市立図書館における「思い出のこし」事業の実例をもとに．図書館界．2020, 71（6），p.316–320.

38）森谷芳浩．《報告 2》関係機関との連携による神奈川県行政資料アーカイブの構築

と運営について．図書館界．2020, 71(6), p.320–325.

39) 野口環．《報告3》．タオルびと．制作プロジェクト：地域産業資料に関する情報の収集と発信．図書館界．2020, 71(6), p.325–330.

40) 青木和人「《報告4》図書館における地域資料の新たな活用方法としてのウィキペディア・タウン：事業の意義と現状、今後の展開について．図書館界．2020, 71(6), p.330–335.

41)《討議》公共図書館における地域資料に関わるサービスの意義と今後の展望．図書館界．2020, 71(6), p.335–347.

42) 根本彰．情報基盤としての図書館．勁草書房，2002, p.54–55.

43) 根本彰．情報基盤としての図書館(続)．勁草書房，2004, p.92–93.

44) 福島幸宏．図書館機能の再定置．LRG．2020, 31, p.11–41.

45) 相宗大督．公立図書館における住民との協働による地域資料サービスの構築．カレントアウェアネス．2016, 328, p.15–21．https://current.ndl.go.jp/ca1876

46) 相宗大督．地方自治の変化を背景とした、公共図書館と議会図書室のあり方に関する考察．LRG．2020, 31, p.86–97.

47) 加藤信哉；小山憲司編訳．ラーニング・コモンズ：大学図書館の新しいかたち．勁草書房，2012, 288p.

48) 斎藤文男；藤村せつ子．実践型レファレンス・サービス入門．補訂第2版 (JLA図書館実践シリーズ1)．日本図書館協会，2019, p.19–24.

49) 前出7) p.120–121．2021年2月、神奈川県立高校入試の国語の問題では、ネットと本を対比した情報と知識の違いについて述べた部分 (p.119–125) が出題された。著者性では、本の内容について著者が責任を取るのに対して、ネットではみんなが共有して責任を取る。構造性では、情報と知識の違いで説明すると、バラバラな情報やデータが集まって様々な概念や事象の記述が相互に結びつき、全体として要素が集まって形成される体系をなした知識となり、蓄積された知識の構造や個々の要素の位置関係が明確になる。ネットの場合は、構造性が分からないままでも、知りたい情報を瞬時に得ることができる。

50) 福島の学徒勤労動員を記録する会．福島の学徒勤労動員の全て．福島の学徒勤労動員を記録する会［代表 大内寛隆］，2010, 367p．https://fyk.jp/web/htdocs/gakuto/gakutoindex.htm

51) 櫻井豊．辻堂歴史物語：湘南の風薫るわがふるさと 改定版．櫻井豊，2020, 286p.

52) 漆原宏．ぼくは、図書館がすき：漆原宏写真集．日本図書館協会，2013, 87p.

53) 漆原宏．ぼくは、やっぱり図書館がすき：漆原宏写真集．日本図書館協会，2017, 95p.

54) 漆原宏．地域に育つくらしの中の図書館：漆原宏写真集．ほるぷ，1983, 111p.

55) 前川恒雄．未来の図書館のために．夏葉社，2020, p.119.

56）竹内悊．いま、図書館界で必要なこと．出版ニュース．2019.01 上・中、p.6–11.

57）柳与志夫．千代田図書館とは何か―新しい公共空間の形成―．ポット出版，2010

58）信州デジタルコモンズ　https://www.ro-da.jp/shinshu-dcommons/　県立長野図書館
ウェブサイト　https://www.knowledge.pref.nagano.lg.jp/index.html

59）前出 42）p.36–37.

第3章　補足

　一冊の本に出会う感動と、一つの調査を達成した充足感、そして、それに続く次の一冊を求め、次の調査に向かう渇望感に図書館で出会う機会を常に用意することこそが、図書館の使命であり、図書館員としての生き方なのではないだろうか。この使命と生き方のためにこそ、情報リテラシー支援と地域資料が必要なのである。

情報リテラシー支援

　第3章の結論として、住民自身によるセルフレファレンスの実現と、図書館員が情報リテラシーのインストラクターとなることをゴールとした。住民のリテラシーを向上、つまり、市民住民の課題解決能力の向上が、自治体の財政を含めた地域の生活を改善し、それら全体と個人の向上の相乗効果という好循環を生み出すだろう。

　図書館の運営では、新規事業を複数年にわたって提案し、図書館財政検討の場で設置主体と話し合うべきである。例えば、自治体の財政状況の好転や、住民生活の向上につながる住民のリテラシーを向上させ、地域資料等を扱うNPO活動等を活発にして行政サービスを高度化することに、図書館サービスが貢献できる可能性をアピールしたらどうだろうか。また日本の公共図書館がインターネットの導入で乗り遅れていることを反省し、新型コロナ流行下での電子書籍導入の流れや、DXも要素として掛け合わせるべきではないだろうか。今考え方を180度転換する柔軟さを示し、図書館らしい発想を展開する機会が訪れている。

　地域活性化も経済優先ではなく、住民の生活目線を維持し、図書館を舞台にして住民主体の地域社会の運営改善を目指すことを提案したい。大学組織では、すでに学生中心の運営、卒業生への貸出、地域公開などへの転換や、

県と大学の連携（貴重書の活用）を図書館主体で行った事例などもあるのである。

個人宅での情報環境の構築支援

　ここでプロジェクトメンバーのある個人の情報環境整備の例を、情報基盤、仕事、趣味の 3 分野（2021 年度現在）で具体的に示してみたい。情報基盤については、インターネット、携帯、ケーブルテレビなどで、22,330 円 /月（267,960 円 / 年）。仕事基盤では、個人 Web サイト公開用のレンタルサーバとドメイン（org）契約や、Web 会議システム、毎日参照する辞書・事典 DBの JapanKnowledge などで、4,830 円 / 月（57,960 円 / 年）。趣味基盤では、Amazon Prime や d アニメストアなど、940 円 / 月（11,280 円 / 年）となっている。日本からでも登録可能な電子図書館サービスとして紹介（第 2 章 参考文献 4）岡部）されている Queens Public Library eCard（$50.00/ 年）については、論文執筆当時は契約の最後までたどり着けなかったが、昨年はうまく契約できた。これらの契約金額の最適化の情報や、新サービスの紹介などが、図書館サービスとして提供されるようになれば、利用者住民に歓迎されるのではないだろうか。

　※価格については変更があり、2024 年には全体で 1.2 倍くらいになっている。

地域資料の拡張によるサービス拡大・転換

　住民の情報入手に対して、図書館が提供する独自の資料として地域資料がある。本論でも触れたように、地域資料とは『地域資料入門』（第 3 章 参考文献 28）三多摩郷土資料研究会）によると、「当該地域を総合的かつ相対的に把握するための資料群」、または「地域で発生するすべての資料および地域に関するすべての資料」であり、その地域について関心のあるものが学習・研究し課題を解決するために必要とされるものだが、それは「その地域でしか収集できない」、「将来の利用者のために、今収集しなければならない」

資料でもあることから、今後その重要性は増していくだろう。また地域資料は、地域の住民が自分たちの地域の事を知り、地域の自治に参加するのに必要な資料であるともいえる。

情報リテラシーと地域資料の活用に関して、これまでから今、今から未来へ、図書館という組織・機関が蓄積して発展させることが可能な情報資源は、質量ともに無限にある。蔵書、情報提供に関わるノウハウ、地域や住民・利用者との関係性、そして何よりも図書館員の図書館サービスに限定されない知識と知恵が重要である。

その地域独自の資料や貴重資料などユニークな資料は、国立国会図書館や他館で所蔵されていないので、図書館ネットワークやポータルサイトに搭載して世界に情報発信し提供することができる。また提供する情報や資料の範囲は、図書館の所蔵資料に固執しないで、利用者からの情報の要求に対して、その分野の適切な専門家や専門機関に照会して情報を入手して提供する「レフェラルサービス」的に、地域の多様な分野の専門家を人的知識資源としてストックし、広い意味での「地域資料」として図書館におけるサービスの範囲に加えることもできるだろう。

事例：引越し先の散歩と図書館

江東区から隣の江戸川区に引っ越した。引っ越した先は駅から徒歩で15分、駅前に野菜や卵の自動販売機があり、わずか7キロばかり東に寄っただけで、かくも違うものかとカルチャーショックを受けた。散歩に出ると水神が祀ってある所に出た。前に清らかな小川が流れていて、そこに、橋を架けるように鉄路が切り取られてあった。一体これは何なのか。

傍に、江戸川区が建てた碑が建っている。説明文によると「城東電車は私営の路面電車で、明治44年3月、当時の本所区錦糸町と瑞江村大字上今井の間に敷設の許可が下り、大正6年12月に錦糸堀―小松川間が開通」云々とあり、「大正14年12月に東荒川―今井橋間が開通」とある。私はこの鉄路の全貌を知りたくなり、早速、近くの松江図書館まで散歩の足を伸ばした。

図書館には「江戸川発見！　解説シート」という江戸川区郷土資料室の刷物がファイルされていて、そこに「城東電車」の項目があり、より詳しく写真付きで解説があった。今井街道沿いのすぐ南をマッチ箱のような電車が走っていたことがわかり、小川に架かっていたところが軌道跡と確認できた。さらに並行する今井街道は江戸の直線路である行徳道であり、房総方面への主要街道だったことがわかった。今井街道沿いは商店が連なり、昭和の雰囲気を残しながらシャッター街になっていないのがいい。

　図書館にリクエストして、さらに『城東電気軌道百年史』(枝久保達也 / Happiness Factory/2017) を取り寄せた。読むと、田舎で利用者が見込めるのかという冷ややかな世間の目の中での起業であったことがわかる。電車を走らせると同時に沿線に電灯を灯す事業と並行しようという壮大な計画があったが、東京電力という大手に阻まれ、その上、荒川放水路という人口の大河開削事業にも行く手を阻まれるという苦難の鉄道計画だったことを知った。東西の格差が大きく、人口が増えないから鉄道事業が伸びず、鉄道が伸びないから人口が増えないという負のスパイラルに陥ったことなど、この地の抱える歴史の重さが電車の歴史と重なることを知った。面白かったのは、電車の集客をもくろみ観光地を宣伝したこと。そこで、砂町海水浴場が今の江東区の砂町であったことや、江戸川の東端、篠崎堤が花見客で賑わったこと、浦安のハゼ釣りが釣り人を呼び込んだことなども知ることができた。城東電車がやがて都電に変わり、さらにトロリーバスになり、現在の都バスになったことも。

　知ることは愛することでもある。私は散歩を楽しんでいる。途中、小川の傍らに別の水神を見つけた。近くで掃除をしているおじさんに「今井街道の方にも水神がありましたが、こっちにもあるんですね。」と尋ねると、おじさんは、このあたりのことを話し始めた。小川は一之江境川といい、むかし、水源は水元の小合溜だという。水神は上の水神、馬場の水神、しもの水神がある。しもの水神は下手だからではなく、司茂という宮司さんが守ってるから司茂の水神と言うんだよ。と、新参の住民ににこにこと話しかけてくれた。さらに、今井街道の話におよぶと、この街道は江戸は行徳道といっ

第 3 章　公共図書館における情報リテラシー支援と地域資料のデジタル化　99

て、関所がなかったから裏街道だったんだと、意味ありげに笑った。私はこの土地と人が好きになりそうだ。図書館からは『るるぶ大人の江戸川区：大人の江戸川区の楽しみ方 12』という本も借りている。散歩は続き、図書館で土地のことを調べることも続くだろう。もっと、この土地を好きになるために。（松島 茂　記）

第4章 座談会

なぜ、私たちは「図書館笑顔プロジェクト」を始めたのか

——「図書館笑顔プロジェクト」の目的や活動・提言内容については、本編の中でも紹介してきました。この座談会では、このプロジェクトが始まった背景や、皆さん一人ひとりのプロジェクトに対する思いをうかがえればと思います。

●長谷川

僕が「笑顔」というキーワードを思いついたのは、図書館写真家の漆原宏さんの写真集『ぼくは、図書館がすき』(日本図書館協会、2013年)の制作に関わったことがきっかけでした。

僕自身、それまでも、神奈川にある大学図書館で長く働く中で、図書館の可能性や「図書館っていいものだな」という思いはずっと持っていたのですが、漆原さんの写真を見ると、そこには本当にたくさんの「笑顔」があるんですね。子どもたちの笑顔も、それを見つめる大人たちの笑顔もある。友だち同士の笑顔も、一人で本を読んでいるお年寄りの笑顔も、カウンターで子どもに本を手渡す図書館員の笑顔も、あらゆる世代の人たちの笑顔があるんです。

それらの笑顔を見ていると、ふと、自分はこんなふうに笑ったことはあるのだろうか、って思ったんです。そして、図書館にはやっぱり「笑顔」が似合うと思った。でも、最近の図書館には、そんな「笑顔」があふれているんだろうか、と。もしかしたら、少なくなっているかもしれない。じゃあ、どうすれば、図書館の「笑顔」を増やせるのか。そもそも、「笑顔のある図書館」ってどんな図書館なのだろうと、改めて考えてみたくなったんです。

●松島

　私は、東京都内の公共図書館で、長い間働いてきました。その中で、たくさんの「笑顔」と出会ってきました。でも、私も漆原さんの写真集に携わる中で、改めてそこに写っている子どもたちやお年寄り、そしてそこで働く図書館員の笑顔がとにかく素敵だな、と思ったんですね。

　それらの笑顔を見ている時、ある言葉を思い出したんです。それは、ちょっと古い話なんですが、1950 年に日本の「図書館法」が成立した時、当時、国立国会図書館の副館長だった中井正一氏が述べた言葉です[※1]。中井氏は、当時、図書館法の成立にあたって、図書館を「伸びゆく生ける芽」として大きな期待を寄せつつ、こう述べたそうです。「円らな眼、紅い頬の村々の少年と少女の手に、よい本が送られて、たがいにひっつきあって喰い入るように読みあっている姿を、確実な幻として描くことができることは、深い楽しさである」[※2]と。そこには、「笑顔」という言葉自体は使われていませんが、この姿こそ、図書館のあるべき姿であり、私たちの求めているものではないかと思ったんです。

> ※ 1：中井正一（なかい・まさかず）。1900 ～ 1952 年。日本の美学者・社会運動家。
> 　　　京都帝国大学哲学科卒。「中井美学」と呼ばれる独自の美学理論を展開。
> 　　　第二次大戦後、国立国会図書館副館長を務めた。また、日本図書館協会理
> 　　　事長として、戦後混乱期の中にあった図書館界を結集。「図書館法」制定
> 　　　に尽力した。
>
> ※ 2：中井正一著「図書館法の成立―燃えひろがる火は点ぜられた」、久野収編『中
> 　　　井正一全集・第 4 巻』（美術出版社、1981 年）所収

●上田

　このプロジェクトが始まった当時、私は東京の多摩地区にある公共図書館で非正規職員として働いていました。図書館の職場体制や制度、環境には、いろいろ問題があったのも事実です。私の職場には、あまり「笑顔」がなかったのですね。だから、最初に「笑顔」という言葉を聞いた時、正直、あまり、図書館とは結びつかなかったんです。でも、だからこそ、図書館の「笑顔」について考えたかった。「どうしたら、利用者も我々館員も、皆が笑顔にな

れるのだろうか」と。

私が最初に思ったことは、図書館に笑顔があるということは、そこに「自由」があるからなのではないかということでした。子どもからお年寄りまで、誰でも自由に読みたい本を読むことができる。知りたいことを自由に調べることができる。いろいろな人と自由に意見を交わすことができる。そして、そこで働く館員同士も、自由に議論や自分のアイデアを意見することができる。それは、言わば、「民主的な社会」の基本ですよね。だからこそ、そこに「笑顔」が生まれるのではないかと思ったのです。

そう考えると、図書館に笑顔を生み出すプロジェクトは、個人だけでなく社会全体を良くする活動なのではないか。そんな問題意識を持って参加しました。

●畠山

私がこのプロジェクトに参加した時は、東京の郊外にある大学図書館で管理職として働いていました。ちょうど図書館にインターネットが普及・浸透してきた時期で、利用者も館員も、図書館に対する意識が大きく変わりつつある時期でした。

「インターネットがあれば、情報は十分に得られるじゃないか」「図書館はもう必要ないのではないか」と不安に思い、「どうすれば、自分たちはインターネットに対抗できるか」に頭を悩ませる日々でした。それは同時に、改めて、「そもそも図書館って何なのだろう」「私たち図書館員は何のために働いているのだろう」ということを考える機会でもあったのです。

だから、私も上田さんと同様、利用者の方の笑顔はもちろんですが、図書館員も笑顔になってほしいという思いがあり、このプロジェクトに参加しました。

●福島

私は民間企業で現在新規事業開発関連の仕事をしていますが、「本」に関わる仕事も多々ある中で考えていたのは、図書館に来る人も来ない人、図書館で働いている人、図書館の仕事に関わる人など、もっとたくさんの人に、本や図書館を通じて「喜び」や「楽しさ」を味わってもらいたいということ

でした。

　図書館を利用することで、新しい知識を増やしたり、分からないことを学んだり、誰かに教わったり、新しい友だちができて新しいコミュニティが生まれたり…。それって、楽しいことですよね。結果として、皆が笑顔になれる。図書館という場や、本というコンテンツにはそういう力がある。それをもっとアピールしていいんじゃないかと思ったのです。

そもそも図書館とは何か

――皆さんのお話をうかがうと、このプロジェクトを始めるにあたって、改めて、「そもそも図書館とは何か」を考えられたとのことでした。皆さんにとって、改めて考えた、図書館の役割や目的、魅力とはどのようなものでしょうか。

●長谷川

　僕は、図書館の役割は、一言でいえば、「人を育てること」にあるのではないかと思います。利用者が自分で課題を発見し、調べ、解決の方法を見つけることができる。自分の立てた問いが、だんだんと答えに近づいていくのって、ワクワクしますよね。知る喜び、学ぶ楽しさです。その繰り返しの中で、人は育ち、成長していくのではないでしょうか。

　そして、それをサポートし、その環境を整えるのが、図書館なのだと思います。漆原さんも、図書館の写真を撮りながら、「図書館って人を育てるところだよね」と言っていましたね。

●松島

　そうですね。私も、図書館は「人が育つことを支える場」「自立した市民を育てる場」だと思っています。社会的にも、図書館は「教育機関」という位置づけですからね。

　では、「教育とは何か」といえば、アメリカの図書館学者のメルヴィル・

デューイ[※3]は、「(図書館での)教育の最終的な目的は、『より正しく考える』ことができるようにすることだ」と言っています。これはつまり、図書館という場所は、正しい「答え」を教えるための場所ではなく、正しい「考え方」が身につく場なのだということではないでしょうか。そして、彼は、その根本に「読書」があると言っているのです。

その意味では、図書館の価値を評価する時には、「貸出冊数」や「来館者数」で評価するというより、「どれだけの人の自立に関与できたかで評価したいところです。

以前、私が働いていた図書館で、障がいをもつ利用者を子どもの頃から大学を卒業するまで、教科書やテキストを読めるように学習支援を続けていた同僚がいました。彼は、生来視力のない赤ちゃんに出会い、その子の興味を引き出し、本を読み、学習する支援を、三十人ほどのグループとともに、小中高、大学へと続け、その子の就職にまで漕ぎつけたのです[※4]。一人の人間の成長を支援する──。こうしたことが図書館の本来の役割なのだと思います。それは、我々図書館員にとっても幸せなことだとも思います。

また、古い例を持ち出せば、勝海舟が海外の知見を得るのに欠かせなかった、松坂商人の創った「射和文庫」などの例もあると思います。個人は無論ですが、国の将来に関わる働きが、人を育てることを通じてできるんです。

　※3：メルヴィル・デューイ。1851 〜 1931 年。アメリカの教育者・図書館学者。1887 年、世界最初の図書館学校をコロンビア大学に開設。図書分類法であるデューイ十進分類法の考案者として知られる。

　※4：山内薫著『本と人をつなぐ図書館員─障害のある人、赤ちゃんから高齢者まで』(読書工房、2008 年)

●上田

私は、図書館の究極的な目的は、「民主的な社会を実現すること」なのではないかと思います。

「民主的」とか「民主社会」というと、小難しく聞こえてしまうかもしれませんが、要は、「世の中には自分以外の多様な考え方があることを知り、それをお互いに認め合うこと」ですよね。そのことで、人は相手に対する理

解が深まり、相手を尊重する気持ち、愛する気持ちが生まれるわけです。

　哲学者の西田幾多郎[※5]は、「知ることは愛することだ」(「知は愛、愛は知である」)と言っていますが、人というのは、知れば知るほど対象のことが好きになり愛するようになる。そして、もっと学びたくなるものです。図書館は「知」を扱う場所です。だから、図書館は民主的な社会を生み出す原動力なのだと思います。

　　※5：西田幾多郎(にしだ・きたろう)。1870〜1945年。近代日本の代表的哲学者。
　　　　　京都学派の創始者。東洋思想の絶対無を根底に置き、それを理論化して西
　　　　　洋哲学と融合する西田哲学を樹立した。主な著書に、『善の研究』『芸術と
　　　　　道徳』『哲学の根本問題』などがある。

●松島

　天文学者で有名なカール・セーガン[※6]は、「図書館は、社会的記憶装置である」と言っていますね。それは、単に知識や情報を貯めておくだけの倉庫という意味ではなく、それらを活用して、人と人が理解し合い、尊重し合える「民主的な社会」を作っていくための装置ということなのでしょうね。

　　※6：カール・セーガン。1934〜1996年。アメリカの天文学者・作家・SF作家。
　　　　　上記の言葉は、『COSMOS (上下巻)』(朝日新聞社、1980年)より

●上田

　そうですね。だから、図書館に多様な思想やたくさんの記憶を貯めておいて、誰でもいつでもそれらを取り出すことができるようにしておく。その結果、多様性を認め合う感覚が育まれ、個人も社会も良い方向に向かって成長し、一人ひとりの幸福な暮らしが実現する。ちょっと大げさかもしれませんが、つき詰めて考えれば、図書館って、「民主的な社会を作り出す“装置”」なんだと思いますね。

　そのためには、図書館には、「自由」が必要なんだと思います。子どもからお年寄りまで誰でも自由に、本や本以外のメディアを使える。勉強する時も、何かを調査する時も、課題解決する時も、自由に情報に接することができる。それは、情報弱者の方のためのセーフティーネットでもあります。そして、そのような図書館の先に、皆の「笑顔」があるのではないでしょうか。

●長谷川

　僕は長い間、大学図書館に勤めていましたが、数年前に退職し、いまは一市民として地元の図書館を利用しています。ですので、図書館の運営側ではなく、一利用者の立場から見ると、いまの松島さんや上田さんの意見はとてもよく分かります。

　やはり僕も、図書館は、単に本を借りたり、調査資料を閲覧したり、自習スペースを使わせてもらうだけの場所ではなく、その先に、個人が成長したり、地域や社会が良くなることにつながる場所であってほしいと思います。

　だから、例えば、公共図書館であれば、本の貸出や調査資料の閲覧だけでなく、利用者が自分で「課題」を発見し、その課題について「調査」することができるようにサポートしたり、さらには、自分が調査したことを「発信」できるような環境を整えることも大事な図書館のサービスなのではないでしょうか。「発信」するとさらに情報・知識が膨らみ、人との関係が深まり、知恵が増して、生活が大いに楽しくなるわけですから。

　また、大学図書館であったならば、もっと積極的に「地域開放」をすべきだと思いますね。そうすることによって、地域の市民はもちろん、非営利団体や、在野の研究者、フリーのライター、ジャーナリストなどの情報収集能力や調査能力が高まる。それは、市民レベルのシンクタンクの成立を可能にするものではないかと思います。これらのことは、まさに、「人や社会の成長を支援する図書館」の重要な役割であり、機能なのだと思います。

図書館では「未知なる自分」を発見することができる

●畠山

　私の場合は、先ほども言いましたが、インターネットが普及する中で、「インターネットがあれば、リアルな図書館はもういらないのではないか？」と自分に問いかけてみたところから、改めて、図書館の価値を考えてみたわけです。

その時、いろいろ考えたのですが、その結果思ったことは、インターネットは、「自分が関心のあるキーワード」を入れて検索するものであり、いわば、「自分の思考にあったこと」「興味のあるもの」を短時間で効率的に調べられる道具なんですよね。一方、図書館は、「自分の全く知らない世界」、あるいは、「自分が興味も関心もない世界」と遭遇・発見できる場所なのではないだろうか、ということでした。だから、インターネットはもちろん必要ですが、リアルな図書館はそれとは違う価値がある場所として、絶対に必要なものなんじゃないかと、改めて思ったんです。

●福島

そうですね。最近よく耳にするのは、「インターネットの検索は視野を狭める。見識が広がらない」という議論です。やや極端な言い方かもしれませんが、インターネットは自分の興味あることしか検索しない。結果、出てくる情報もそれに関連したことだけになりがち。でも、本当に大事なことは、もしかしたら、その外側にあるのではないか、という議論です。

●上田

たしかに、インターネットの世界は、一見「開かれた世界」のようですが、ややもすると、自分の興味があるものだけに目がいってしまう「閉じられた世界」になりがちですね。そういった意味でも、図書館というリアルな空間の存在意義があるのではないでしょうか。

●松島

以前、インターネットのない頃のことですが、私が働いていた図書館の利用者の方で、図書館中の書架を端から端まで眺めながら歩き回っている人がいました。

「いったい何を探しているんだろう」と気になっていたんですが、その人が、帰り際に、わざわざ事務室に来て、「この図書館で自分のイメージが広がった」と言いに来たんです。聞くと、どうもその人は、あちらこちらの図書館に行って、いろいろな棚を見て回っていたそうなのです。そして、「この図書館は、文学が充実しているとか」「歴史書がかなり揃っている」とか評価しているんですね。そして、「自分はいろいろな分野に興味があるけ

ど、今日はいろいろ新しい興味を刺激された」と言うんです。つまり、その人は、図書館の蔵書の中から、自分が読みたいお目当ての本を探そうとしているのではなく、「自分の興味そのもの」を発見しようとしていたんですね。

ほかにも、図書館の近くに引っ越して来た方が、ふらっとやって来て、偶然、その地域の昔の資料や地図、写真、古書などの展示を見ながら、「この街に興味が湧いた。図書館に来て、いろいろ知るのが楽しみになった」と言われたこともありました。図書館には、いろいろな偶然の発見があるのだと思いますね。

●上田

私も、図書館の存在意義は、「リアルなものに触れる」ことにあると思います。図書館にはたくさんの本があります。新しい本だけでなく、もう、絶版になっている古い本もあり、それらに直接触れることができます。もちろん、それらを全部読むことはできないのですが、「本がある」ということを意識できる場所なんですね。そういう経験は、図書館でしかできない。

そして、手で直接触れることのできるたくさんのリアルな「知」があることで、「知識」や「知ること」に対するリスペクト（尊敬、敬意）が生まれるのではないかと思います。そして、そこから、新たな知の「発見」が生まれるのだと思います。

●松島

「知る」とか「発見する」ということをつき詰めると、それは、「自分自身を知る、発見する」ということなのではないでしょうか。「自分っていったい何だろう」という問いです。「世界の中の自分」ということを意識するわけです。

私は、半分冗談で、「『自分とは何か』を知ることができれば、死んでもいい」「『俺は俺だ』と分かって死ねば、笑顔になれる」と思っているのですが（笑）、それは、答えが分からないから面白いのであって、「知ること」は「死ぬこと」の裏返しで、つまり「生きがい」なんです。生きていることが面白いなら笑顔になるんです。「自分、自分」といっても、結局、「人は孤独ではなく、社会との繋がりの中でこそ自分が認識される」という発見ですね。

図書館の笑顔は、「人と人との出会い」から生まれる

——漆原さんの写真集には、本を読んでいる人の写真ばかりではなく、子どもたちが遊んでいる写真や、友だち同士で話している写真、また、利用者と図書館員が会話をしている写真も多くあります。

●松島

　図書館は、「本のある図書室」ではなく、「本のある広場」だという考え方があります。これは、1980年代の始めの頃、東京の墨田区立八広図書館で、私の上司であった千葉治館長（※7）が唱え、実践した図書館論です。

　1980年代というのは、日本の公共図書館が大きく変わった時代でした。戦前の閉鎖的な図書館から、「図書館はみんなのもの」という、開放的な図書館に変化し、それに伴い、図書館の主機能も、それまでの「館内閲覧」から「館外貸出」が中心となり、「本は、いつでも自由に、好きな時間に、どこででも読める」ようになりました。そうした中、私たち図書館員も、「みんなのために図書館には、どんなサービスが必要なのだろうか」を、日々話し合い、実行していきました。

　その一つとしてあったのが、千葉さんの「本のある広場」という考え方でした。図書館には本があるだけでなく、卓球台も、ピアノも、工作室も、集会室もある。利用者はそこで話したり、遊んだり、作ったり、人と出会ったり、新しいことを学んだりすることができる。「人が集い、遊び、学ぶ場所が図書館」というわけです。「広場は自由である」という考え方なんですね。「人を育てる」という意味では、図書館は、本から知識を得て成長するだけでなく、新しい体験をしたり、人と交流することで成長する場でもあるんですよ。

　これは千葉さんが、よく、「裏田武夫（※8）の著作に、『インドネシア語で図書館を直訳すると、"本のある庭"という意味になる』ということが書いてあるんだよ」と言っていて、それが「本のある広場」のイメージになったの

だと思うんです。だから、大人も子どもも、図書館にぶらっと散歩に来ても
いいわけです。

　※7：千葉治（ちば・おさむ）。1936 ～ 2020 年。1962 年、東京都墨田区立あずま
　　　図書館準備要員となる。1970 年、図書館問題研究会東京支部「住民の権利
　　　としての図書館を―東京の図書館について」をまとめる討議の中で、集会
　　　機能と学習権という考えを強く持つ。1979 年、新たな墨田区立図書館の開
　　　館準備室担当主査となる。1980 年 8 月に開館した墨田区立八広図書館の館
　　　長となる。集会機能のある図書館、いわゆる「本のある広場」としての図
　　　書館を展開する。1996 年、初代佐賀市立図書館長となる。2002 年に退任。
　　　日本図書館協会理事、図書館問題研究会会員（委員長としては 1982 年から
　　　1987 年まで）、核兵器をなくし平和を求める図書館関係者の会世話人。主
　　　な著書に、『本のある広場』（教育史料出版会、1992 年）がある。

　※8：裏田武夫（うらた・たけお）。東京大学教育学部教授。ユネスコ専門調査員、
　　　WHO コンサルタント、東南アジア医療情報センター事務局長等を歴任。
　　　著書に、『図書館学の創造』（日本図書館協会、1987 年）、編著に、『図書館
　　　法成立史資料』（日本図書館協会、1979 年）等がある。

●長谷川

　そういえば僕も、大学図書館で働いていた時、事務所やカウンターの中に
いるではなく、図書館の中をぶらぶらと歩き回っていました。そこで顔見知
りになった学生や地域の人と、よく世間話をしていましたね。

　あるカンボジアから来た学生からは、「卒論を書いているんだけど、漢字
が読めなくて困っている。どうしたらいいか」と相談を受けました。彼はお
兄さんと一緒に来日したそうなんですが、両親はまだカンボジアにいて、早
く日本に呼びたい。そのためにも日本語がもっと話せるように頑張っている
んだ、と言っていました。

　地域の人ともよく話しましたね。俳句の吟行のための下調べによく来てい
たおばあさんからは、「今度、調布の深大寺に行って蕎麦を食べるんだけど、
一緒に来ない？」と誘われたりしました。

　また、毎週水曜日にはるばる千葉の成田から来て、いつも決まった席に座

る歯医者さんからは、「ここの図書館は歯科関係の本が充実している」と褒められ、図書館員全員にシュークリームを置いていってくれました。

いずれも何気ない会話なんですが、何かそこで、人と人との信頼関係が醸成された気持ちになったものです。だから、その頃を思い出しつついま思うことは、待っているだけでは「笑顔」はやってこないんだということです。人と人が出会って、信頼関係ができてはじめて、図書館に「笑顔」が生まれるのだと思います。

●畠山

本当にそうですね。図書館は、本や資料からだけでなく、その場にいる人からも刺激を受けることができますからね。

●上田

情報を一人で享受するだけではなくて、そこからつながっていくものがあり、その先に「広場としての図書館」の姿が見えてくるのだと思います。

●松島

私も、図書館で働くことを通して、本当にいろいろな人と知り合いました。これまでの人生の中で知り合った人は、図書館で知り合った人が一番多いのではないでしょうか。中でも、私は長く「レファレンス」を担当していましたので、それを通して人と知り合った人が多いです。

レファレンスを利用する人は、人数としてはけっして多いわけではないのですが、問題意識が高かったり、切実な問題を抱えている人が多かったですね。ですから、人数は少なくても、相談に来た人の心にはすごく届いていたのではないかと思います。

中には、「松島はいるか〜」と、事務所にどんどん入ってくる利用者もいました。そして、いつも1時間ほど世間話をして満足したように帰っていくんですが、3回に1回くらいは、「こんなこと調べているんだけど、何か良い資料はある？」と聞いてくるんです。初めから明確な課題や疑問を持っている人なんて、そう多くいるものではないですよね。図書館員がどのくらい自分の抱えている問題を理解しているかを、話の中でニコニコと探っているようなところもあるのです。人と話すことで、心の中の疑問が見えてくる。

そして、それが解決できれば笑顔になる。それが、図書館の「笑顔」なんじゃないかなと思います。

●福島

私は図書館で働いたことはないので、まったくの利用者の立場からですが、別に読みたい本や探したい資料がなくても、日常会話ができるだけで図書館に行きたくなることもありますからね。

あの司書さんとこの話をしたいとか、いつも新聞を読んでいる人がいるけれど、あの人、めちゃめちゃ知識が豊富なので何か教えてくれそうだから聞いてみよう、とかというのが、結構重要なことではないかと思います。

●松島

在野の民俗学者として著名な谷川健一氏[※9]は、日本各地を歩く中で、厳しい自然や生活環境の中ででも人間が幸せに暮らせる条件として、第一に「食生活を確保」すること、第二に「愛する対象を持つ」こと、第三に「その地域社会との交流を持つ」ことを挙げています。

そうだとするならば、そもそも図書館は、先ほども話したように、知ることを通して「愛する対象を持つ」ことを支援することができる場ですし、また、「人と人が出会い、交流できる場」でもあるわけです。つまり、図書館は、もともと、人を「笑顔」にすることのできる場なのだと思いますね。

　※9：谷川健一（たにがわ・けんいち）。1921～2013年。日本の民俗学者。在野の学者として日本文学や民俗学の研究をおこない多くの研究書を著した。柳田國男や折口信夫の影響を受け研究を重ね、日本人の死生観や世界観を探求した。日本文学の源流を沖縄・鹿児島などの謡にもとめた「南島文学発生論」などの業績をあげた。上記の内容は、「月夜の愛の歌」より（『埋もれた日本地図』(講談社学術文庫、2021年所収)。

図書館の「笑顔」を消すもの、生み出すもの

——これまで、図書館の目的や役割、魅力について話してきました。しかし

一方で、いまの図書館が「笑顔」であふれているかといえば、必ずしもそうとも言えない面もあるのではないかと思います。現在の図書館の問題点や取り組むべき課題については、どう思われますか。

●上田

先ほども言ったように、図書館に「笑顔」があるということは、そこに「自由」というものが必要なのではないかと、私は思うんです。図書館で、子どもからお年寄りまで、いつでも誰でも「自由」に本や資料を使うことができる。利用者が、「自由」に意見を交流することができる。そういう「自由」を許す雰囲気や環境が図書館にあるからこそ、「笑顔」が生まれるんじゃないかと思うんです。

私は、笑顔の反対にあるものは何かといえば、それは「怒り」とか「悲しみ」ではなくて、「無関心」とか「無表情」なのではないかと思います。いまの社会は、どちらかと言うと、全体的に無関心・無表情の方向にシフトしてしまっているのではないでしょうか。だから、もし図書館に「笑顔」が少なくなって、利用者も職員も無表情・無関心になってしまっているとするなら、そうした「自由」を許す空気が少なくなってしまっているのではないかと思うんですね。

●松島

これはあくまで私個人の印象ですが、私もやはり、昔に比べて、いまの図書館には「笑顔」が少なくなり、無表情や無関心が増えてしまっているのではないかと思う時があります。

その原因の一つには、図書館を利用する時の「制限」が多いことがあるのではないでしょうか。例えば、資料やデータベースにアクセスしたいけど時間や条件に制限があってできなかったり、パソコンの使い方が分からなくて資料を探せなかったり、レファレンスの窓口で聞いても「検索端末がありますからお使いください」と言われたり、ということがありますよね。この間も、近所の図書館に行った時に、カウンターで「昔は、本があるなしではなくて、いろいろ教えてくれたけどね」と、利用者の方が館員に食い下がって

いる姿を目にしました。

一方で、現在では、常識を逸した「モンスター」なる利用者がいたり、図書館の方も、マニュアルはあっても、窓口やレファレンス、収書など、一体感が薄れて、柔軟に対応できないということもあるのかもしれません。

もちろん、「制限」には、自由を守るために必要な制限があるのも事実ですが、多すぎる制限は「笑顔」を消してしまうのではないかと思います。

●長谷川

そのあたりは、図書館員自身もジレンマなのではないかと思います。僕は以前、全国の大学図書館にアンケートを送って、図書館員個人の意識調査をやったことがあります。その調査結果を見ると、館員一人ひとりは、「もっとこうしたらいいのではないか」とか、「あの制限は無くしてもいいのではないか」という思いや発想は持っているのです。でも、「実際にそれをやっていますか」という設問には、「必要だと思うけどやっていない」という回答が圧倒的に多いんですよ。気づいているんだけどやっていない、分かっているんだけどできていない、ということが多い。

もちろん、そこには、行政と図書館との関係とか、館員の雇用形態の問題とか、難しい問題があるとは思いますが、でも、ここで話し合ってきたように、本来、図書館って「自由な広場」なのですから、率先して「制限」を少なくして、もっと「自由」を増やしていく必要があるんじゃないかと思いますね。

●畠山

私は、図書館の「制限」を少なくして「自由」を増やす推進力になるものが、「デジタル化」や「インターネット」なのではないかと思います。

例えば、いまの図書館は「来館ありき」ですよね。利用者に来てもらうことを前提にサービスが提供されている。それが様々な「制限」につながっているのではないでしょうか。でも、図書館の本や資料がデジタル化され、インターネットでのリモートサービスが行われれば、24時間365日の利用も可能なわけです。そうすれば、近くに図書館がない人や、障がいがあって図書館に来るのが難しい人など、図書館に来館できない人へのサービス提供も

できるようになりますよね。

　先ほど、インターネットは「閉じられた世界」になりがちという話もありましたが、インターネットはあくまでも道具ですから、理念や考え方さえしっかり持てば、図書館の笑顔を生み出すことにつながるのではないかと思います。

●松島

　図書館のデジタル化が進めば、館種（公共図書館、大学図書館、専門図書館）を越えたレファレンスのネットワーク化も可能となるでしょう。私たち図書館員は館種にこだわってしまうところがありますが、利用者は調べたいことがあれば、公共図書館でも大学図書館でも専門図書館でも、また、図書館だけでなく書店でも博物館などでも Web でも友人のところでも、自分に必要な情報がある所に行きますからね。

　また、館種を越えた「デジタル資料展」などもできそうですね。例えば、忠臣蔵の資料展を、兵庫の赤穂市立図書館と、コレクションのある横浜市立図書館や東京の港区郷土歴史館、墨田区立図書館など、各地の資料を集めて連携して行うこともできるでしょう。結果的に地域研究や歴史研究の充実につながるかもしれません。こうしたことも、「制限」からの「自由」なのではないでしょうか。

●上田

　そのためには、図書館としては、単に本や資料を「データ化」することだけでなく、データ化された本や資料を「どうやって活用するか」、つまり、利用者の「デジタル・リテラシー」を高めるための支援をすることがこれからの図書館の重要なサービスの一つになりますね。

●長谷川

　そうです。だからこそ、本編で述べてきたように、これからの図書館サービスには、「デジタル化（アーカイブ）」「ネットワーク化（リモート）」と、それらの活用を支援する「リテラシー」が必要であり、それが、図書館の「自由」、そして、「笑顔」を生み出す力になるんだと思います。

私たちがつくる「図書館の笑顔」

——最後になりましたが、皆さんお一人おひとりは、これから、図書館のどのような笑顔を、どのようにしてつくっていきたいとお考えですか。

●長谷川

　僕は、多くの人びとが、もっと「調査研究」をする場として図書館を利用するようになることで、図書館の「笑顔」を増やしたいと考えています。

　レファレンスで調べてもらう、教えてもらうことも有益だと思うのですが、本来、図書館というのは、自分が知りたいことを自分で調べるところだと思うんです。自分で調べて、自分で発見して、自分で解決する。その時の喜びってとても大きいと思うんですよ。さらには、それだけでなく、調べている途中で思わぬ発見をしたり、新しい興味を見つけたりすることもあるでしょう。そういうふうに図書館を捉えれば、もっと、図書館が楽しくなって、笑顔が増えるのではないかと思います。

　僕はいま、地元の図書館協議会の委員長をさせていただいているのですが、図書館の未来を考えるに当たり、この「調査研究型」の図書館をめざしたいという提案をしています。また、そのための活動として、地元の図書館をサポートする「図書館友の会」を設立しようと考えています。

　そうした地道な実践活動を通して、図書館の笑顔に貢献できればと思っているところです。

●松島

　私は、地域資料の収集、デジタル化を通して、もっと、図書館の笑顔をつくることができればと思っています。

　例えば、旅行に行った時なども、その地域にある図書館に立ち寄り、昔の写真や古地図を見ることで、「あぁ、昔の駅舎はこんなだったんだ」とか「江戸時代のここらの町並みはこうだったのか」と知ることで、旅の幅や楽しみが広がるんじゃないかと思うんです。そして、それによって、旅行者はもち

ろんのこと、その地域に住んでいる高齢者の方も昔を思い出して笑顔になるだろうし、高齢者の方と子どもたちとの交流も生まれるかもしれません。

　地域資料って、商業から産業、文学、歴史まで、あらゆる分野に広がっているので、それら全てをデジタル化してアーカイブとして取っておけるのは図書館しかないように思います。地域資料を見ていると、ある意味、日本の歴史の縮図みたいなものが見えてくるんですよ。さらには、それらの地域資料をデジタル化することで、全国の地域資料を一つの図書館で見ることができるようになれば、とても面白いと思いますね。これからも、そういうことに貢献していきたいと思っています。

●上田

　私はいま、大学の司書課程で教えています。私が授業の中で彼らに伝えたいことは、図書館のルールや司書としての仕事以上に、図書館とは何か、どうあるべきか、図書館が社会にある意味は何なのか、ということです。

　彼らの全員が図書館で働くわけではありません。多くの学生は図書館以外の仕事に就くことになるかと思います。つまり、図書館を利用する立場や、図書館を支える納税者の立場になるわけです。その時に、社会人の一人として、社会の中の図書館というものについて考えてほしいと思っています。その結果、笑顔になれるかどうかは分からないのですが、一人ひとりが図書館の意義や意味を考えてくれることで、図書館がもっともっと良いものになるのではないかと思っています。

　少子高齢化の進む今後の社会で、ただ行政に期待するだけでは、理想の図書館は実現できないでしょう。一人の市民として利用し、要求し、支えることでその実現に一歩ずつ近づいていく。そしてその過程では、ぜひ、笑顔で様々な意見を出し合って欲しい。そのようなコミュニティを築ける人材を育成できれば本望です。

●畠山

　図書館で管理職の立場にあった私としては、利用者の笑顔はもちろんですが、まずは一人ひとりの図書館員に笑顔になってもらいたいですね。図書館で働く館員が笑顔になることで、はじめて利用者に笑顔を届けることができ

ると思うんです。そのためには、館員と利用者との交流の機会をもっともっと増やす必要があるのではないかと思います。

じつは、ちょうど2年ほど前、コロナ禍の真っ只中に、勤務していた大学図書館に久しぶりに行ったんです。コロナ禍ということで、学生はおらず図書館はガランとしていました。旧知の館員が私に気づき、声をかけてくれたんですが、彼女の第一声は、「学生さんがほとんど来なくて、寂しいです」でした。いつも元気だった彼女から笑顔が消えていました。

でも先日、また、図書館で彼女と再会したんですよ。そうしたら、いつもの彼女の笑顔に戻っていた。そして、彼女の笑顔の先には、多くの学生の姿がありました。管理職という立場が長かった私には、ついつい、利用者よりも図書館員の笑顔を先に思い浮かべてしまうようです。

●福島

私は、図書館を利用しない人や、これまで利用したことがなかった人たちに、ぜひ「笑顔」になってもらいたいと思います。

彼ら彼女らから、初めて図書館に来て、「あー、何で自分はいままでここに来なかったんだろう」とか、「おー、ここに来ると、こんないいことがあるじゃないか」という声が聞けると嬉しいですね。

そのためには、何も特別なことをしなくてもいいと思うんです。さきほども言ったように、図書館に何気ない「日常会話」があればいい。日常会話こそ救われるっていうのって、あるじゃないですか。だから、図書館って本や資料を探しに行くためだけにあるんじゃないよ、というのを、もっとアピールしてもいいのかなって思いますね。日常会話ができる図書館にこそ、自然と「笑顔」が生まれるんじゃないかと思います。

●長谷川

ここまで、松島さんが以前作られた詩『図書館に来なくなった人』(本書巻末に掲載)を逆説的にとらえ、「笑顔」をキーワードにして、プロジェクトメンバーの皆さんと図書館について考えてきました。

いま図書館は大きな変革期にあると思います。図書館は、誰のため、何のため、何をするところ、といったことが多様化・複雑化していて、図書館員

としても対応が難しく、関係者間で運営やサービスの解釈と方針が分かれて調整が追いついていないことも事実かと思います。インターネットやデジタル化からAIまで、新しい技術の導入も求められています。組織体制や雇用環境の問題もあるでしょう。

　しかし、大事なことは、やはり、図書館を作り支えているのは「人」だということです。笑顔のある図書館には、人(利用者も館員も住民も設置者も)がいて、人の思い(理念)があって、人が馴染める道具(技術)があることが必要なんです。人の顔や、そして心には、さまざまな表情があり、主観的かもしれませんが、「笑顔の量と質」こそが図書館運営やサービスの有効な評価軸となるのではないでしょうか。例えば、「図書館に来て愉しかった本や催しは何か」、また、「知り合いになった人との会話は何か」などです。

　そして、そのベースとして大事なものが、「自由」ということなのではないかと思います。自分の心のおもむくままにふるまえて、束縛や障害なく行動できること、それは、利用者にとっての「自由」でもあるでしょうし、館員・住民・設置者にとっての「自由」でもあります。「自由」の象徴ともいえる「笑顔」、それが、創意と工夫によって関係者間の心の障壁を取り払い、あるべき「未来の図書館」につながるのだと思います。

私が好きな「図書館の笑顔」

墨田区立八広図書館
(1981.03.11)© 漆原宏

墨田区立八広図書館は、若者にとっても居場所であった。図書館が静かに本に向かうだけの所じゃない、と「笑顔」が言っている。この子たちは、児童図書コーナーにあった木馬にも乗って遊んでいた。トランプもやっていたなー。居場所には本がある。自然と広げて仲間と読み合う。むろん、一人で本の世界に没入する人も。書架の見出しは、館長自らマジックで書いたもの。「マンガ」という棚がガラ空きだ。この「笑顔」を本などの広く深い世界に導くのは、司書の仕事といえるだろう。(松島茂)

大田区立大田図書館
(1981.10.28)© 漆原宏

資料の整理と提供に一人で取り組む姿でしょうか。長年にわたる蔵書の蓄積と、全世界の図書館蔵書を資源共有する仕組みは、調査の最後の拠り所です。資料を入手し、「やったー」と、調査の完遂を喜べます。また、資料提供も、交流やにぎわいも、この蓄積と仕組みの上に立脚しています。図書館の蔵書構築と図書館間協力が活写されて好ましいです。(長谷川豊祐)

墨田区立八広図書館
(1983.07.07)© 漆原宏

図書館長と歓談する車椅子の利用者。いい「笑顔」ですね。かつては「障がい者」として、特別なサービスの対象とされていた人たちですが、今「障がい」は社会(=図書館)の側にあり、誰もがみな同じユニバーサルデザインに基づくサービスを受ける権利があると考えられるようになりました。その社会の流れに、すべての図書館、すべての職員が対応できなければ、本当の笑顔は生まれてこないと思います。(上田直人)

いつでも、どこでも、時間や場所の制約なく、思い立った人たちが好きな形で集い、それぞれの興味や好奇心、関心を膨らませるために、自由に何冊もの本を手に取り、人と触れ合い、自然と会話が始まる。そんな場面にはきっと「笑顔」が溢れていると思う。もっともっとそんな場面を創っていきたいと考えています。（福島雅孝）

市川市立図書館・移動図書館
(1993.04.08)© 漆原宏

昨今、SNSが発達し、若者を中心に趣味嗜好が合う人たち同士で集まる傾向が強まっています。世代を超えて自由に行き来できる場は、図書館だけになっているかもしれません。
その図書館の役割を象徴しているのが、この写真です。小学生と親世代の人が自然に隣り合っている様子は、とても微笑ましく、素敵な空間を作り出しているなと感じました。（畠山珠美）

江東区立亀戸図書館
(1983.03.12)© 漆原宏

（2022年12月29日、2023年1月12日実施　記録、まとめ　井出浩之）

図書館に来なくなった人

まつしま　茂（2022 年 11 月 10 日改訂）

北側の窓からブラインド越しにやわらかな光が机に注いでいる
書架からめいめいに好きな本を持って来てじっと読みふけっている
自由で豊かな静寂
書物の森の中で誰にも邪魔されずゆっくりと探している出会いの言葉
自分を励まし明日が待ち遠しくなる言葉
じっと座っていてもこころは世界を飛び回っている
書架から書架を巡って億万の人の声に耳を傾け
沢山の仲間を手の中に抱えてくる
一番求めていた言葉に出会ったろうか
図書館で見つける事ができただろうか

学校の授業をぬけだして毎日のように図書館にくる女の子がいた
お父さんがいなくなって新しいお父さんが来た
図書館の人にはみんな動物のあだなをつけていた
象さんとか河馬さんとかゴリラとかフクロウとか
「『チョコレート工場の秘密』が一番面白いよ」って言っていた
静かな女の子だった
ある時、学校を退職して図書館でアルバイトをしていた人が
その子の学校に通報したことがあった
それからその子はもう図書館に来なくなった
学校にも行かなくなった

図書館で新聞を毎日読んでいる老婦人がいた
いつもきちんとした少し古風な服装で来て

決まった席に座って半日はいた
株価や企業情報を調べているらしいとは知っていたが
図書館員に何か聞いたということもなかった
何か手伝いましょうかというように目で合図しても
やわらかに微笑むだけですぐに新聞に目を通していた
そんな日がいつまでも続くと思われていたが
ある日　突然「皆さんに」と菓子箱を押し付けるようにして帰ったことが
あった
それきりその人の姿をみない

図書館にきょうだい三人で毎日決まったように来る幼い子たちがいた
二歳と四歳と五歳のきょうだいで一番上がお姉ちゃんで後は男の子だった
開館と同時に入って来て暗くなる頃帰って行った
お姉ちゃんは三百円を何時も持って来ていた
お昼には兄弟三人でパンを買いに行っていた
二歳の子はうんちを図書館でこぼしてしまうのでお姉ちゃんは怒り
真ん中の子はぎゅっと手をにぎって弟を見ていた
図書館のお姉さんはその度に掃除をしておしりを拭いていた
お話の時間は兄弟そろってじっと耳をすましていたけど
いつのまにか図書館に来なくなってしまった

図書館が閉まる時に雑誌を借りて朝に本を返す紳士もいた
初老の紳士だった
スーツをビシッと着込んで閉館間際に雑誌を借りにくる
新刊の婦人雑誌ばかりを全部借りていく
そして一度も違わず朝には返却ポストに借りた雑誌を返した
有名デパートの仕立て職人だという
そう言ったとき自信ありげに目が輝いた
図書館にはこういうものがいるだろうと

『新潮社七十年』を渡されたことがあった
その紳士もいつからか姿を見ない

図書館で喧嘩の待ち合わせをする中学生も来る
タバコを吸いながら仲間を待っている
「タバコを吸うな」と注意する
何度も何度も注意する
そのうち注意しないと「なぜ注意しない」と食ってかかられたが
タバコは図書館で吸わなくなっていた
無断で写真集を持って帰ってしまうことがあった
少し高価な本だったが同じ本を買って同じ所に入れた
本が無くなれば同じ本を何度も入れた
やがて無くなった本が返ってきたが彼らはもう来なくなった

図書館に毎日来ているとは気がつかない静かな人もいる
ソファーに座ってゆっくりと雑誌を読んでいたり
文学書の近くの座席でほとんど姿勢を変えずに本を読んでいたり
コピーをとったり
学習室で何かをしきりに書いていたりすることもある
何時も静かな笑顔をたたえていた人
ある時　つかつかと思いもよらない勢いで近づいて来た事があった
「新聞の俳壇見て下さい。私の俳句出たんです。」
それから、しばらくはおなじように静かに微笑みながら図書館に来ていたが
いつの間にか姿が見えなくなった

毎日のようにカートを押して図書館にくるおばあちゃんがいた
戦前から続いている馬肉屋のおばあちゃん
いつもにこにこしていて図書館の書架の間をゆっくり回るのが好きだとわか
る

源氏物語をもう一度死ぬまでに読むんだという
それから「秘密だけど」と言って好きな本を教えてくれたことがある
鈴木真砂女の『都鳥』だった
「図書館で読んで大好きになったんだけど
　もう本屋さんにないんだってね」といわれた
今度　神田に行ったら探しておくと言ったのだけど
見つける前に亡くなってしまった

図書館で人が死ぬということもある
図書館の裏庭で眠りこけているように死んでいた
起こしても揺り起こしても起きなかった
開館時間を待ちきれず死んでしまったのだろうか
夜中じゅう歩いているのだと言っていた
だから暖かい図書館で眠りたいのだと言っていた
少し古い旅行雑誌を枕に寝ていた
その人の臭いは受け入れて隣で新聞を読んでいたおじさんも
話しかけることはしなかった
高速道路下の埋め立てた堀割の橋の上で見かけたことがあった
ブルーテントさえなかったというおじさん
インスタントラーメンをお湯もかけずに
ばりばり食べていたおじさんはもう図書館に来られない

日曜日になるととっても楽しい子たちが図書館に来た
歳はとっくにおじさんおばさんなのだが
心はずっと幼いままで実に素直な子たちなのだ
「ねえ今日どこへ行ったら面白いかな」と寄ってくる
新聞のイベント欄やチラシそしてインターネットで探してみる
博物館や美術館の本　それから交通路線の本
電車やバスに乗るのが大好きな楽しい子たちは

喜んで図書館を飛び出していく
でも　何時からかあの子たちは来なくなってしまった
図書館の人が忙しそうに見えたのか
何時も笑顔で迎えた図書館のお姉さんが
他の職場に異動してしまったからなのだろうか

東京中の公共機関のフリーペーパーを集めて来ては
「読んで下さい！」とぼそっと言って置いてゆくNPOの元会長もいた
「新聞切り抜き大変でしょう」と刃の長い特殊な鋏を持ってきた会社の社長
もいた
「庭に花が咲いたから」といって鉢植えを持ってくるおじいちゃんは
東京大空襲で家族を失い　孤児院で育ち会社を興して成功したと語ったこと
があった
いつもにこにこと図書館の講座に来ていた老夫婦がいた
ある時　その老夫が「実は　私は東京大空襲で九死に一生を得て　実家に
帰ったら実家に赤紙が来て　底に穴の空いた飛行機で満州に行き　武器もな
いうちにソ連兵に捕われてシベリヤに行き　ようやく日本に帰れたんです」と
たんたんと語ったことがあった
その老夫婦ももう図書館に来なくなった

図書館におもいおもいの種を植えていく人
その種を図書館はしっかりと育てられるのだろうか
図書館に並べられた数十万冊の図書よりも
図書館に来るひとりの人の言葉に驚かされることもある
何世代も引き継がれたひとりひとりの世界が静かに渦巻いている図書館
「一人の老人が死ぬと一つの図書館がなくなる」と
アフリカに伝わることわざが国連でとりあげられたことがある
図書館に来なくなった人はどうしているだろうか
図書館で探していた言葉が見つけられたのだろうか

どの人も、きっとまた図書館に来て笑顔をみせて欲しい
図書館は億万の人の笑顔を待っている
億万の人の分だけ暖かでゆったりとした椅子が用意され
いつでもだれにでも開かれて
きっと、また来てくれると待っている

あとがき

　冒頭でも触れましたように、「図書館笑顔プロジェクト」は、図書館への様々な想いをもった6人が集まり、2016年11月にスタートしました。日本図書館協会のスペースをお借りして、初めての顔合わせ、お決まり通り、名刺交換から始まりました。あれから6年半、当初はこんなにも長く続くとは思っていませんでした。なぜ、プロジェクトが続いているのか。それは、「図書館って、こんなもんじゃない」という思いが根底にあったからだと思います。「もっと良くなるはず」「もっと可能性があるはず」「もっと…」。

　予算削減、情報のデジタル化、図書館員の専門性、などなど、図書館を取り巻く環境の変化によって、図書館が抱える課題も多様化しています。笑顔プロジェクトでも、これらの課題について、議論を重ねてきました。笑顔プロジェクトのメンバーは、様々なバックグラウンドを持ち、図書館に対して異なった立場で関わってきたからなのか、思った以上に意見はまとまりませんでした。とはいえ、笑顔プロジェクトの目的は、結論を導き出すことではなく、「本、図書館、大学とは何なのかを、社会や時代を反映した文脈の中

ある日のミーティング風景（2018.05.21）

で意見交換する」「意見の交換や、問題意識の共有により、業界の課題を整理する」ことにありますので、目的通りの活動をしてきたと言えるかもしれません。

2020年、新型コロナウイルスの感染拡大によって、世界中が大きく変わりました。これまで当たり前であった「対面」を避けなければならなくなり、図書館は一時休館を余儀なくされました。特に公共図書館はほとんどのサービスが「来館」ベースであったため、サービスそのものもストップせざるを得なくなりました。もし、情報の変化に合わせて、デジタル情報サービスに舵を切っていたならば、全てのサービス停止は避けられたかもしれません。本書で述べている通り、笑顔プロジェクトは、コロナ禍の前から、インターネットによる図書館の可能性を議論してきました。インターネットは、図書館に行きたくても行けない人たちに情報を届ける手段として移動図書館の役割を担うこともできますし、図書館に眠っている地域資料を世界中に発信することもできます。

そして、間もなく、デジタルネイティブ世代中心の世の中が到来します。そうなると、もはや情報をデジタルと紙に分けて捉えるのではなく、情報の主流はデジタル情報になるでしょう。デジタル世代の彼ら／彼女らにとって、図書館という存在は遠いものになるかもしれません。コロナ禍によって意識改革が進んだ今、図書館もデジタルに対して真剣に向き合う時期に来ているように思います。

デジタル化だけでなく、図書館にはまだまだ様々な可能性が秘められていると思っています。可能性を発掘し終わるまでは、笑顔プロジェクトを続けていくつもりです。もちろん、体力が伴うかどうかにもよりますが。笑顔プロジェクトを継続する中で、今後も、何らかの形で発信することがあるかもしれません。その際は、図書館の一利用者の言葉としてとらえていただけましたら幸いです。

最後に、図書館笑顔プロジェクトの活動の成果に出版の機会をいただいたひつじ書房社長松本功氏に感謝いたします。

初　出

第 1 章　未来の図書館：調査する住民の立場から．図書館評論．2019, no.60, p.54–75.

第 2 章　公立図書館におけるリモートアクセスでの商用データベース提供の展望．図書館評論．2020, no.61, p.3–21.

第 3 章　公共図書館における情報リテラシー支援と地域資料のデジタル化．図書館評論．2021, no.62, p.74–87.

　一般向けに用語の説明や微修正を追加して転載しました。転載を承知いただいた図書館問題研究会に感謝いたします。

索　引

A
ACRL（大学・研究図書館協会）　8, 78
Amazon　61
———— Prime　96

C
CiNii　19, 47

D
D1-Law.com　47
DX（デジタルトランスフォーメーション）　90, 95
d アニメストア　96

E
EBSCO Information Services Japan　57
EPIC 2014　23

G
Google Scholar　19
G-Search　62, 71

I
ICT スキル　74
ID・パスワード認証　58
IFLA（国際図書館連盟）　44
————公共図書館サービスガイドライン　44, 45
IP 認証　58

J
JAIRO（ジャイロ）（現：学術機関リポジトリデータベース（IRDB））　19
JapanKnowledge（ジャパンナレッジ）

47, 62, 69, 96
JDream Ⅲ　47
JLA → 日本図書館協会

L
LexisNexis　47

M
magazineplus　47

N
NDL → 国立国会図書館
NPM → ニュー・パブリック・マネジメント
NYPL → ニューヨーク公共図書館

O
OECD　26

Q
Queens Public Library　96

S
SNS　61, 122

V
VPN（Virtual Private Network）　56

W
Web OYA-bunko　47
well-being（ウェルビーイング：幸福）　26, 39
well-informed citizenry　89
Wi-Fi　19, 21

あ

有山崧　　5, 8

い

医学中央雑誌刊行会　　57
猪谷千香　　9
医中誌 Web　　25, 47, 62
糸賀雅児　　7
医療健康情報支援　　79
インターネット情報資源　　61
インフォメーション・コモンズ　　79

う

ウィキペディアタウン　　82
ウェルビーイング：幸福 → well-being
梅棹忠雄　　76
漆原宏　　i, vii, 101

お

オープンアクセス　　52
岡部一明　　21
岡本真　　10
折り込みチラシ　　60

か

回想法　　87
貸出至上主義　　7
課題解決型サービス　　8, 9, 24
がんばれシショくん！　　60
官報情報検索サービス　　47

き

聞蔵II（現：朝日新聞クロスサーチ）
　　47
規制行政　　28
給付行政　　28
教育振興基本計画について（答申）第2
　　期　　38
教科「情報」　　77
業務委託　　30

く

ググる　　61
クリティカルリーディング　　75

け

健康・医療情報サービス　　9, 24, 25

こ

公共図書館振興プロジェクト　　6
構成主義の学習理論　　79
高知市民図書館　　5
高等教育のための情報リテラシー基準
　　（2015 年版）（国立大学図書館協会）
　　79
高等教育のための情報リテラシー能力基
　　準（ACRL）　　78
高等教育のための情報リテラシーの枠組
　　み（ACRL）　　78
公民館　　26, 70
公立図書館における地域資料サービスに
　　関する実態調査報告書　　80
公立図書館の任務と目標解説　　45
国際図書館連盟 → IFLA
国立国会図書館（NDL）　　69, 71
　　——個人向けデジタル化資料送信サー
　　ビス　　54
　　——デジタル化資料送信サービス
　　46
　　——デジタルコレクション　　54
　　——登録利用者サービス　　19, 54
　　——図書館向けデジタル化資料送信
　　サービス　　54
　　——歴史的音源配信サービス　　46
国立大学図書館協会　　79
子育て支援　　75
コトバンク　　69
コミュニティペーパー　　60
コンソーシアム　　55
コンピュータ・リテラシー　　77

さ

サーチエンジン　29, 52
サーチャー　50
サードプレイス（第三の居場所）　9,
　21
三多摩郷土資料研究会　96

し

資源共有　20
自己責任社会　3, 38
市場化時代　7
質的調査　14, 36
指定管理者　36
指定管理者制度　7, 27, 30
清水幾太郎　75
市民の図書館　i, 6, 7, 8, 10, 24
市民リテラシー　79
社会教育　26
ジャパンナレッジ → JapanKnowledge
生涯学習　38
生涯教育　35
情報探索スキル　89
情報リテラシー支援　8, 24, 26, 38, 74,
　95
商用データベース（商用 DB）　34, 43,
　62, 69
信州デジタルコモンズ　89
新自由主義　7
新聞データベース（新聞 DB）　62

す

菅谷明子　2, 9, 29, 30, 55
菅原俊　6, 8, 26
スタンドアローン方式　50
墨田区立八広図書館　vii, 6, 110
3D プリンター　17, 27

せ

セーガン，カール　106
セーフティーネット　106

せ（右列）

セルフレファレンス　82, 88, 95
全国公共図書館協議会　80
専門的職員　30

そ

蔵書構築　20

た

大学・研究図書館協会 → ACRL
大学入学共通テスト　77
第三の居場所 → サードプレイス
タイムマシン［映画］　23
高山正也　7
竹内悊　88
谷川健一　113

ち

地域活性化　5, 76, 95
地域コミュニティ　35, 39
地域資料　60, 95
　──サービス　80
　──のデジタル化　16, 74
地域振興　39
地域の情報拠点（ハブ）としての図書館
　7
地域の問題解決　76
地域文庫　6
知の拠点　5
千葉治（ちばおさむ）　6, 27, 110
地方自治法　37
中小レポート（中小都市における公共図
　書館の運営）　5, 24
中心市街地活性化法　7
調査する住民　2, 30, 35, 37, 74, 82, 89
千代田図書館　7

て

ディスカバリーサービス　56
定量調査　14
デジタルアーカイブ化　80

デジタルコレクション　9
デジタルデバイド　9, 79
デジタルトランスフォーメーション →
　　DX
デューイ，メルヴィル　104, 105
電子ジャーナル　20, 21, 55, 61
電子書籍　43, 61, 95
電子図書館　39

と
図書館笑顔プロジェクト　2, 28, 74
図書館間協力　20
図書館計画施設研究所　6
図書館コンシェルジュ　7
図書館サポートフォーラム賞　vii
図書館デザイン　10
図書館の設置及び運営上の望ましい基準
　　45, 80
図書館法　5, 27, 31, 39, 102
図書館問題研究会　ii, 6

な
中井正一　30, 102
ナクソス・ミュージック・ライブラリー
　　43

に
西田幾多郎　106
日経テレコン　21, 46, 47
日本図書館協会（JLA）　i, 46, 129
　　──図書館利用教育委員会　8
日本の古本屋　61
ニュー・パブリック・マネジメント
　　（NPM）　7
ニューヨーク公共図書館（NYPL）　9,
　　55

ね
ネットアドバンス　57
ネットワーク情報資源　21

ネットワーク方式　50
根本彰　8, 81, 89

は
博物館　81

ひ
ビジネス支援　79
ビジネス情報支援　9
非正規職員　10, 30
日野市立図書館　6
批判的思考　76, 78
広場としての図書館　vi, 27, 112

ふ
フィルターバブル　29
ファブスペース　27
ファンドレイジング　9
福島幸宏　81
ブランド戦略　9
フルテキストデータベース　22

へ
ヘルスリテラシー　24

ほ
法情報サービス　9
本のある広場　6, 110

ま
毎索　47
前川恒雄　6, 76, 88
まちづくり　76
　　──と図書館　7
　　──の拠点　5

む
無料貸本屋　6, 9
無料原則　45

め

メディアリテラシー　77
メディカルオンライン　71

も

文書館　81
問題解決学習　79

や

柳与志夫　7, 30

よ

ヨミダス歴史館　47

ら

ラーニング・コモンズ　79, 82, 89

り

リサーチセンター　29
リモートアクセス　19, 22, 25, 34, 43,
　　45, 46, 69
利用（者）教育　78
利用教育ガイドライン　8

れ

レファレンスサービス　13
レファレンス資料　45
レフェラルサービス　97

図書館笑顔プロジェクトのメンバー略歴

●代表：長谷川豊祐（はせがわ　とよひろ）

1955 年新潟生まれ。

理工系大学卒業後、オイルショックで就職先がなく方向転換し、1978 年に鶴見大学司書講習で司書資格を取得し、翌年から鶴見大学図書館に 37 年間勤務。その間、司書課程の非常勤講師、国際標準化委員、大学院修了などを経て、現在は、「図書館笑顔プロジェクト」代表、日本図書館協会出版委員、藤沢市図書館協議会委員、Web サイト「学びを愉しむインターネット」（http://toyohiro.org/ 1996 年 9 月〜）運営を継続中。図書館とメディアと教育に関する調査研究と社会貢献のため、図書館だけでなく、Web 情報源、ネット書店を複合的にフル活用している。図書館からの貸出や相互利用、古書や電子書籍も含めて、自分で本を買うことが増え、未来の図書館への期待が大きくなっている。

●畠山珠美（はたけやま　たまみ）

1960 年生まれ。

大学卒業後、金融機関に就職。転職を考えている時に、国際基督教大学の求人広告をみて応募。1989 年 11 月から国際基督教大学で職員として働き始める。最初の配属先は総合学習センター、学生や教員の IT 環境の整備に従事。その後、1993 年 3 月に図書館に異動。図書館に異動になるまでは図書館とは全く無縁の生活をおくっていたため、図書館業務と自身のキャリアのギャップに戸惑う。そこで、図書館の業務知識を得るために通信教育で司書資格を取得。2004 年 4 月に、慶應義塾大学の現職者向けの大学院コース（情報資源管理分野）に進学。大学院修了直後の 2006 年 4 月に図書館長代行に就任。図書館長代行を 8 年、図書館長を 2 年務めた後、図書館を離れて事務局長に就任。5 年半の事務局長職の後に退職し、現在は非常勤スタッフとして図書館業務の受託会社においてスタッフの研修業務に携わっている。

●上田直人（うえだ　なおと）

1956 年、東京の根津神社の近くの生まれ。

大学卒業時、就職活動がうまくいかず悩んでいるとき、図書館短期大学に別科という
コースがあり、一年間で司書資格を取って就職もできるという話を聞き入学。同短期
大学はその年で閉学（筑波に移転し 4 年制の図書館情報大学となり、後に筑波大学に統
合）、最後の学生となる。司書資格を得たのち、埼玉大学附属図書館、桐朋学園女子
部図書館を経て、法政大学図書館に就職。そこで、主に利用者サービス系の仕事に長
年従事する。しかし 2000 年代に入ると、職場での大規模なアウトソーシングが進み、
専任職員としての自分の存在意義に疑問を感じるようになり、早期退職。その後、国
立看護大学校図書館、東久留米市立図書館で非正規職員として勤務。東久留米では、
非正規職員組合の役員も経験する。還暦を過ぎてから、縁があって私立大学司書課程
の非常勤講師の職に就く。また、地元の西東京市で図書館協議会委員も拝命。結果的
に、大学、学校、専門、公共と、各種の図書館で、正規・非正規含め 40 年近く働く
ことになり、現場からの目線で様々な図書館の表と裏を眺めてきた。現在は原点にか
えり、図書館とは何か、そこで働くとはどういうことかを、日々考えている。

●井出浩之（いで　こうじ）

電機メーカーの人事部門で 40 年間、人事・人材育成・組織開発コンサルティング業
務に従事。その間、研修企画、企業出版、リーダー向けの情報雑誌編集、および、大学・
公共図書館の利用向上に向けた業務改革・組織開発に携わる。現在、人材・組織開発・
キャリアコンサルタントとして独立し、編集・ブックライティング業務も行う。

●福島雅孝（ふくしま　まさたか）

1962 年東京生まれ、千葉、神奈川育ち。

新卒で情報出版関連会社に入社、情報誌や通信インフラを媒介とした販促事業におい
て企画、営業、マーケティング、コンテンツ開発など多面的に携わる。担当した分野
は教育、旅行、地域活性、IT、ブライダルなど多岐に渡り、また東名阪と様々なエリ
アでの居住も経験。いろいろな意味で国内ながら「異文化」をたっぷりと学ぶ。情報
出版関連会社を卒業後、商社系 IT 会社（営業、マーケティング、コンテンツ、新規事
業開発を担当）、某大手進学塾（新規事業開発を担当）を経て現在はコンテンツ関連会

社にて主に既存事業の付加価値創造及び新規事業開発を担当。これまでの既成の枠に
とらわれない新たなビジネスモデル創出をめざした事業に邁進中。

最近のトピックスとしては、

①大学において経営学部の講師

②今の時代だからこそ求められる、スキルノウハウではない、真の意味での【人間力
育成】のための研修プログラムの開発と展開、実施

③『学産官民』が協働したエリアに本当に求められる地域活性化策を全国複数のエリ
アで策定、実施

④各種コンテンツホルダーと協業した新たな『まなび』の講座の企画開発・運営、展
開

などを実現。

●松島茂 (まつしま　しげる)

1948年福島県いわき市生まれ。

司書資格を取得後、1977年墨田区立寺島図書館に勤務。1979年6月から千葉治氏と
墨田区の新図書館の準備にあたる。1980年8月、新館の墨田区立八広図書館に勤務。
地域のコミュニティ誌として『「びっと」新聞』を作る。一時、墨田区立東駒形コミュ
ニティ会館図書室に異動の後、1992年墨田区立緑図書館に勤務する。1993年『図書館
の集会・文化活動(図書館員選書9)』を、千葉治氏らと執筆。その後、日本図書館協
会出版委員となる。図書館問題研究会では東京支部長となり、1995年に司書職の廃止
の動きに対して、東京23区の図書館をよくする会(現：東京の図書館をもっとよくす
る会)を結成した。この頃より地域資料を担当、ほぼ毎月、地域資料展、すみだ文化
講座(1回〜161回)を開催する。すみだ地域の研究家・専門家に講師を依頼した。土
地の古老や戦災体験者による座談会も開いた。1997年には、図書館問題研究会東京支
部より四コマ漫画「がんばれシショくん！」を刊行。2013年図書館を辞す。同年4月
から墨田区文化財調査員となる(2017年まで)。その後すみだ学研究家として、墨田区
の図書館や観光協会、区内団体等で墨田区の歴史や人物の講演を行った。2016年笑顔
プロジェクトに参加、『ぼくは、やっぱり図書館がすき：漆原写真集』編集にかかわ
る。笑顔プロジェクトでは、80年代から2000年に至る図書館員としての経験や見聞
を東京を中心に話した。地域資料を担当して考えたことも発言させてもらった。

未来の図書館―調査する住民の求める情報環境の整備

The Library in the Future: A Citizen's Research Perspective

Library Smile Project

発行	2024 年 10 月 21 日　初版 1 刷
定価	2400 円＋税
著者	ⓒ 図書館笑顔プロジェクト
発行者	松本功
装丁者	三好誠（ジャンボスペシャル）
組版所	株式会社 ディ・トランスポート
印刷・製本所	株式会社 シナノ
発行所	株式会社 ひつじ書房
	〒 112-0011 東京都文京区千石 2-1-2　大和ビル 2 階
	Tel.03-5319-4916　Fax.03-5319-4917
	郵便振替 00120-8-142852
	toiawase@hituzi.co.jp　https://www.hituzi.co.jp/

ISBN978-4-8234-1223-3

造本には充分注意しておりますが、落丁・乱丁などがございましたら、
小社かお買上げ書店にておとりかえいたします。ご意見、ご感想など、
小社までお寄せ下されば幸いです。

［刊行書籍のご案内］

読書教育の未来

日本読書学会編　　定価 5,000 円＋税

日本読書学会設立 60 周年を記念して企画された「読書」にかかわる研究・実践の集大成。読書と発達、読むことの科学、読書と教育、社会生活と読書など、これまで教育心理学、国語科教育等の分野で示されてきた「読書」に関連する研究・実践の成果を幅ひろく取り上げるとともに、未来に向けて最新の研究動向や教育実践を様々な視点・論点から考察している。研究者、教員、学生、図書館や自治体、出版関係者はもとより、読書に関心を持つすべての人に価値ある情報を提供する。

[刊行書籍のご案内]

「大東亜」の読書編成
思想戦と日本語書物の流通

和田敦彦著　　定価 2,900 円＋税

本書は、戦時期に日本の言語や文化の価値を教え、紹介し、広げていった人々の活動やその仕組みに焦点をあてる。知や情報を広げ、読者に働きかけていく仕組みを、国内の文化統制と、外地や占領地に向けた文化工作とに通底する技術として明らかにする。そのために、書物の読者への広がりをとらえる新たな研究方法を用いた。思想戦の政策から実践への展開が、占領地や移民地に遺る日本語蔵書の詳細なデータから初めて明らかにされる。

文学教育における読書行為の研究

丹藤博文著　　定価 7,200 円＋税

本書は学校教育における文学教材の読みについて、読書行為の観点からその有効性を明らかにし、その成立のための方法を提案する。まず戦後文学教育を読書行為論の視点から批判的に検討し、また、文学の機能を教室で生かすために、言語論的転回以後の読書行為論の理論と方法を構築した。さらに文学教材をナラティヴ・メソッドにより分析していくことで、テクストの行為を可視化することを試みる。文学教育の新たな理論と実践の書。

［刊行書籍のご案内］

中高生のための本の読み方
読書案内・ブックトーク・PISA 型読解

大橋崇行著　　定価 1,800 円＋税

中学生、高校生に向けて、本の読みどころや、読むときに有効となる視点などをブックトークの形式で紹介し、読書案内としても使うことができる。また、後半部では、さまざまな読書会の進め方や、国語の新学習指導要領とも深く関わる OECD の PISA 型読解力を身につけていく上で、読書をどのように活用していけば良いのかについて解説している。

ゼロからはじめる哲学対話
哲学プラクティス・ハンドブック

河野哲也編　得居千照・永井玲衣編集協力　　定価 2,200 円＋税

哲学カフェ、子どもの哲学、企業内哲学対話をやってみたい人のための必携ハンドブック。経験豊かな実践者が執筆を担当。人の集め方、場所の決め方、問いの出し方、対話の進め方、使える道具、困った時の対応の仕方など具体的な解決案が満載。対話に必要な哲学史と哲学説の知識も一通り学べる。誰でもが使える対話と思考のためのガイドブック。